学習指導要領の
読み方・活かし方

 学習指導要領を
「使いこなす」ための8章

合田哲雄

文部科学省初等中等教育局
財務課長

JN228314

教育開発研究所

●はじめに

　この本を手になさった方のなかには、令和2(2020)年度から小学校を皮切りに新教育課程が順次全面実施されるのを前に、学習指導要領の解説書や新しい教科書を手に、具体的な準備を進めている教壇に立つ先生方も少なくないと思います。また、中央教育審議会は学校における働き方改革について平成31(2019)年1月25日に答申をまとめました。文部科学省や教育委員会などの教育行政においても、学校においても、働き方改革が「待ったなし」で本格化しています。

　私は、文部科学省において、平成20(2008)年と平成29(2017)年の二度にわたって学習指導要領改訂を担当しました。また、現在は教職員定数の改善・充実や学校における働き方改革の担当をしています。しかし、私自身は行政職員で、教員免許は持っておりませんし、小・中・高校で教壇に立ったこともありません。私は、公教育と民主政のいわば黒衣であり、この本において、先生方の明日の授業に役立つ具体的なノウハウをお示しすることはできません。

　他方、全国の先生方と対話したり、非常勤講師として「教育課程行政特論」という授業を担当している上越教育大学において現職教員の大学院生やストレートマスターの学生の皆さんと議論したりするなかで、新しい学習指導要領への準備を進めている先生方や学生の皆さんが、その過程で「『深い学び』って何だ？」「『見方・考え方』とは何か？」といった「そもそも論」に直面することも少なくないと知りました。

　また、文部科学省は新しい学習指導要領で小学校における外国語教育の充実やプログラミング教育の導入といった「アクセル」を踏みながら、在校等時間の上限を定めるなど働き方改革という「ブレーキ」をかけているのではないかとの指摘をいただくこともあります。

そんな「そもそも論」については、学習指導要領の改訂に携わってきた私の経験が少しでもお役に立てるかもしれません。また、平成29 (2017) 年改訂と学校における働き方改革の双方の担当として責任を負う私は、この「アクセル」と「ブレーキ」という指摘に対して、文部科学省や中央教育審議会がどう考えているのかを説明しなければならない立場にあると考えています。それを教壇に立つ先生方や教師を目指そうとしている学生の皆さんにお伝えしたいと思ったのが、この本の執筆動機です。

　私は、自分自身が倉敷で受けた学校教育での経験や仕事上お目にかかる先生方との対話を通じ、我が国の学校教育の蓄積の大きさ、子供たちの志や学びに向かう心に火を灯す教師という仕事の尊さや重要性を日々実感しています。「自分の足で立って、自分の頭で考える人になってください」——授業の最後にある先生が言ってくれた言葉は、学校教育が何のためにあるのかを端的に表していると思います。

　だからこそ、今求められるのは、浮き足立つことなく我が国の学校教育のよさを捉え直し、さらに進化させることです。その「我が国の学校教育のよさを捉え直し、さらに進化させること」とは、決して今のままでよいということではありません。先生方が学習指導要領を使いこなし、日々の授業を進化させ、子供たちの力をさらに引き出すことが求められています。この本がその一助になればうれしく存じております。

　なお、平成30 (2018) 年度に1年間、10回にわたって公益社団法人日本教育会の月刊誌『日本教育』に手紙形式のコラム「霞が関だより」を連載いたしました。1年間にわたる「霞が関」の素顔や息づかいをお伝えすべく、この本のそれぞれの章の後に掲載いたしましたので、ご覧いただければ幸いです。

※本書にご登場いただく方々の肩書きは、特段表記がない限り、その文脈における当時のものです。

第4章 「主体的・対話的で深い学び」と「見方・考え方」

第5章 学習指導要領を「使いこなす」こと

第6章 2017年改訂と学校における働き方改革

第7章 高校・大学の一体的改革と 義務教育

第8章 「出藍の誉れ」時代を創造する 学校教育

▶▶▶ 本書を読み解くキーワード

◆令和2（2020）年実施学習指導要領

◆これまでの学習指導要領改訂

◆中央教育審議会

◆法令等

1 二つの未来像の相克と学校教育

「創造性」と「社会的公正」という
相克する未来像のなかで、
学校の果たすべき役割とは

●二つの未来像の相克

この本において、学習指導要領を「使いこなす」ことについて考えるに当たって、まず、目の前の子供たちが生きる未来社会について考えてみたいと思います。

もちろん、未来社会はあらかじめ用意されている、すでに「ある」ものではありません。目の前の子供たちが「創る」ものです。だからこそ、「教育」は教師をはじめとする大人が子供たちに働きかけることにより未来社会の創造を手助けする営為。未来社会がこうだから子供たちにはこんな教育をしなければならないという受け身の発想ではなく、こんな未来社会を創っていくために、今子供たちにこんな資質・能力をはぐくもうという積極的な意思が求められています。

学校における働き方改革についての中央教育審議会答申（平成31〈2019〉年1月25日）は、「人工知能（AI）、ビッグデータ、Internet of Things(IoT)、ロボティクス等の先端技術が高度化してあらゆる産業や社会生活に取り入れられ、社会の在り方そのものが現在とは『非連続的』と言えるほど劇的に変わるとされる Society 5.0 の到来が予想されている。このような社会の構造的変化は、資本の有無

や年齢・居住地などにかかわらず、新しいアイディアを持つあらゆる人に可能性の扉を開け、クリエイティブに価値創出ができる時代をもたらしたという見方もある一方で、魅力的なアイディア自体が資本として大きな価値を生み出す『知識集約型社会』の中で、『目の前の子供たちが就く職業がなくなるのではないか』『今の学校教育は役に立たないのではないか』という不安も生じさせている」と指摘しています。

　この答申の指摘のとおり、その未来社会について、今、世界において、二つの「未来像」の相克が生じているのではないでしょうか。

　ご覧になった方も少なくないと思いますが、平成30（2018）年10月、ＮＨＫスペシャルで「マネー・ワールド　資本主義の未来」という番組が放送されました。司会をしていたのは爆笑問題という二人組のコントグループ、出演していたのはソフトバンクの孫正義会長と国立情報学研究所教授の新井紀子先生でした。

　正確な表現ではないかもしれませんが、孫代表は「人工知能（AI）の飛躍的進化やSociety5.0[1]などと言われる今はすばらしい時代だ。新しくすばらしいアイディアさえあればどこに住んでいようと、年齢がいくつであろうと、新しい社会的な価値を生み出せる社会。こういう時代においては、後ろを振り向いてはだめだ。どんどんどんどん前に行って、新しいアイディアをつくり続けることが必要だ」と語りました。

　これに対して新井先生は、「あなた（孫会長）のような新しい価値を生み出す数％の人はいいかもしれないけれど、残り97％の人は資本主義の構造変化のなかで尊厳ある生活や職を奪われる可能性がある」と指摘しました。

　平成20（2008）年学習指導要領改訂についての中教審答申（平成20〈2008〉年1月17日）は、社会や産業の構造的変化を「知識基盤社会」と表現しました。特定の技術が生産工程の時間を短縮するなど、

知識が「現実を変える」社会から、iPS細胞やナノテクノロジーのように知識が「新しい現実を創る」知識基盤社会へと転換することを意味していました。[2]

しかし、AIの飛躍的進化やSociety5.0[3]、第4次産業革命[4]といった今生じている社会や産業の構造的変化は、東京大学の五神真総長が「知識集約型社会」と指摘なさっているように[5]、「知識基盤社会」とも質的に異なる側面があると捉えられています。

たとえば、我が国のリーディング産業である自動車に関して申し上げれば、これまでは我が国の自動車という「モノ」自体が価値を持っていました。しかし、たとえば携帯電話がコモディティ化[6]してしまって、「モノ」としての携帯電話の価値以上に、携帯電話に搭載されているソフトやアプリなどの、携帯電話がネットワークを通じて他とつながっているからこそできること（「コト」）に価値があるとなったのと同じような状況に、自動車もなるかもしれません。

自動車のフォルムや燃費、速度といった性能だけではなく、スマートフォンの操作一つで自動運転の車が来て、自分が行きたいところに連れて行ってくれるというサービス自体に大きな価値が出てくる。膨大なビッグデータがインターネットでつながっていて、それを背景に自動運転車が走行しているというシステムのなかでは、自動車自体の「モノ」としての価値は相対化されます。

このように、目に見えない情報やビッグデータ、知識が大きな価値を生み出す社会になってくると、資本主義も製造業が中心だった時代の構造とは異なり、"Winner takes All."とも言うべき勝者一人勝ちの資本主義へと変容するのではないかとも言われています。

そのため、ベーシックインカム[7]のような社会的公正を確保するための新しい仕組みが必要になってくるとの指摘もなされており、だからこそ、この番組で新井先生は「孫会長、これらの新しい仕組みに要する財源の確保のために、あなたは法人税の引き上げに賛成し

ますか？」と迫ったのでしょう。孫会長は珍しく困惑した表情を浮かべておられました。まさに二つの未来像の相克です。

　二つの未来像、すなわち、孫会長がおっしゃるように、資本の有無や年齢、居住地等にかかわらず、新しいアイディアを持つあらゆる人に可能性の扉が開かれ、クリエイティブに価値創出ができる時代になったという認識と、もう一つは新井先生が指摘している、魅力的なアイディアを生み出すことができる数％を除いた大多数の市民は、資本主義の変容のなかで、職や尊厳ある生活を奪われるという予測や不安。後者は、新井先生がおっしゃるように、ベーシックインカムといった社会的公平を確保するための新しい仕組みが必要という議論につながる一方で、世界を席巻するいわゆるポピュリズムの背景にもなっているという構造になろうかと思います。

●未来社会を創造する学校教育

　このように未来像は、「創造性」と「社会的公正」を軸に相克しており、このような構造のなかで学校教育はすでに「オワコン」（終わったコンテンツ）で無力だという指摘があります。学校教育は、数％のイノベーターを生み出すことについても、そして残りの97％が職や尊厳ある生活を送れるようにすることについても、本当に無力なのでしょうか。

　私は、高校時代の歴史の先生に「新しい局面に直面したと思ったときには、歴史を振り返れば得るところが多い」と教えていただきました。確かに80年ほど前、大衆化とブロック経済化という国内外の構造的変化とそれに基づく国民的不安は、「新体制運動」や「近代の超克」といった政治や思潮のうねりを生みました。

　二つの未来像の相克のなかで、学校を含む従来の社会システムを「オワコン」と切り捨てては、閉塞状態を打開するために「バスに乗り遅れるな」というスローガンが説得力を持つ歴史のひとコマと何

ら選ぶところはありません。民主的な成熟社会においては、あらゆる問題について、「これですべて解決」という特効薬はありません。複雑な課題を丁寧に解きほぐして、関係者の「納得解」を得る地道な努力から逃げるわけにはゆきません。

　新井先生は、AIの飛躍的進化を前に浮き足立つことなく、「データとアルゴリズムの透明性と正当な利用のための共有」に真正面から取り組むフランス政府の姿勢から我が国は学ぶところが多いと指摘していますが、同じように浮き足立つことなく冷静に我が国の学校教育の果たしている役割を踏まえたうえで、創造性と社会的公正の両立する未来社会を創造することが求められています。

　では、どう両立するのでしょうか。Society3.0は工業社会、Society4.0は情報社会、そしてSociety5.0は「超スマート社会」。このSociety5.0は、これまで以上に「人間が中心の社会」になることが一つの大きなポイントだと思っています。

　前述したとおり、これまでは所有や消費を目的にモノの価値を高めることが目指されていた「モノ」が中心の時代でした。しかし、今日では、たとえば自動車というモノ自体よりも、スマホの操作一つで自動運転の車が迎えに来て目的地まで運んでくれるというビッグデータに基づいたシステムや、我が国固有の文化や技術に裏づけられたストーリーに基づくサービスに大きな価値があるようになっています。このような価値の転換は、要するに、人間自身が体験し、協働し、創造していくことに価値があるという、人間が中心の社会への転換だと申せましょう。

　そのためには、一部のエリートだけでなく、ボリュームゾーンを含めた国民全体で「人間としての強み」を高めることが求められています。考えてみれば、そもそも我が国の学校教育は、「人格の完成」と「国家・社会の形成者の育成」を目指して、自分の足で立って、自分の頭で考える子供を育てることを重視してきました。

しかし、工業化社会のなかでは、嫌なことにも我慢して取り組み、与えられたゴールから逆算して予見可能性を高めてリスクを最小化できるパッシブな人材が求められ、逆にゴール自体を自分で考えるアクティブな子供は企業からも社会からも忌避されました。

　私が就職活動をした平成3（1991）年の夏の段階では、大学で勉強したことよりも体育会でスポーツをしていたことを評価すると公言する企業が多かったと記憶しています。スクリーニング（ふるいわけ）としての入試を我慢強く乗り越える人材が求められ、長らく「自分の頭で考える子供を育てる」ことは「理想」に過ぎないと受け止められていました。

　それが、今、経済産業省や時代の歯車を回しているベンチャー企業などから、本気でそんな本来の教育をしてほしいと言われているのです。大企業などは本当に変わっているのかなと思わないでもありませんが、学校教育が本領を発揮できる時代になったのです。

●浮き足立たずに進化するために

　この創造性と社会的公正は、「人間が中心となる社会」で通底し、両立します。だからこそ、我が国の学校教育の出番です。我が国の学校教育は、「自分の足で立って自分の頭で考える」ために、①尊厳ある社会生活の基盤となる力を身につけさせつつ、②さまざまな社会的な課題や現象について探究したり創造したりする大事な場としての役割を果たしてきました。それは、相互的寛容と自制心を持って粘り強く対話し、納得解を共有する民主政治やそれを支える社会の大事な土台ともなっています。

　①については、たとえば教科書や新聞、新書などの内容を頭でベン図を描きながら構造的に正確に読み取る力の育成に、我が国の学校教育は重点を置いてきました。これらの力は、AIの飛躍的進化の

なかで人間としての強みを発揮するためにたいへん重要な柱ですが、構造的に正確に読み解く力を成り立たせている語彙の力や論理的な思考力、粘り強く文章を読み取る意欲などがSNSを中心としたコミュニケーションの隆盛のなかで弱くなっているなか、学校の役割はますます重要になっています。

　②は、たとえば、中学校社会科公民分野の内容項目として「現代社会の見方・考え方の基礎となる枠組みとして、対立と合意、効率と公正などについて理解」し、「課題を追究したり解決したりする活動」が示されています。これは平成20（2008）年改訂から位置づけられていますが、この学びは何のために探究活動を行うのかということについての重要な示唆を与えてくれます。

　「対立と合意」「効率と公正」といった軸でものを考え、社会的な対立をいかにして合意に転換するかについて考えるこの学びは、持続可能で強靱、そして誰一人取り残さない、経済、社会、環境の統合的向上を目指す持続可能な開発目標（SDGs）を展望し、「みんな違ってみんないい」とか、「みんなで仲良くやりましょう」といった話ではなくて、かなりシビアな、利害や考えが対立する問題について、それをどう解決するかを重視しています。

　二つの未来像の「創造性」と「社会的公正」についても同様ですが、私ども行政に携わっている者は、二つの異なる意見の相克に直面することが少なくありません。行政は、現実的な利害得失のなかで、意見の対立があったら無原則に足して２で割っているのではないかとお思いの方もいらっしゃるかもしれません。

　しかし、事柄はそんな単純なものではありません。行政職員である私は、意見Ａと意見Ｂはいっけん全く重なり合っているところがなく、もう合意形成は無理だというような状況において、この意見Ａと意見Ｂをつなぐための議論の「土俵」をつくっていくにはどうしたらよいかを考えます。議論の土俵をつくっていくとは、意見Ａ、

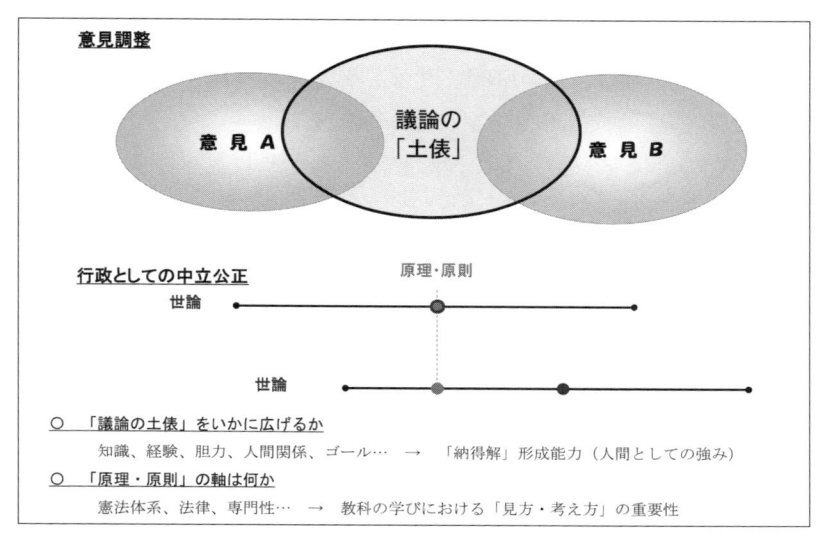

図1　意見Aと意見Bの概念図

意見Bの現象面だけを見れば対立するのだけれども目標とするゴールについては共通する部分があるとか、見た目は対立しているように見えるけれども実は角度を変えて捉えると、こことここがつながっているといった考え方のことです。

　そのとき行政の立場として注意しなければならないのは、この議論の土俵を形成して合意形成をしていくときに、世論はどちらかに大きく振れることがあるということです。振れたとき、揺れたときに、我々自身がある程度「原理・原則」をもっていなければなりません（図1）。

　その原理・原則は、憲法や法律に示されている基本的な考え方や関係する分野の専門性などを根拠に形づくられるわけですが、文部科学省の職員として二度の学習指導要領改訂に携わるなかで、改めて異なる意見の間で社会的な合意を形成するに当たって、教科の学びがいかに大きな意味を持つかを実感しています。

たとえば、現在名古屋経済大学准教授（社会科教育法）の高橋勝也先生が主任教諭として東京都立武蔵高等学校附属中学校でなさっていた授業では、国立市のマンション訴訟を紹介しながら、「街の活性化のためにはマンションの建設を認めるべき」と「マンションを建設すると街の景観を損ねる」という二つの意見の対立を、建築基準法の「空中権」や「公開空地」という概念を議論の土俵としてどのようにすれば合意に至らせることができるかを扱っていました。

　二つの未来像を前に学校教育は無力なのではなく、この二つを乗り越え、創造性と社会的公正が両立する未来社会、創造や公正、尊厳といった価値で支えられた未来社会を創造するための資質・能力をはぐくむために、目の前の子供たちに働きかけるという大きな役割を担っています。だからこそ、今求められるのは「オワコン」などと浮き足立つのではなく、我が国の学校教育のよさを捉えなおし、さらに進化させることであり、そのことが二つの未来像の相克を乗り越え、創造性と社会的公正の両立という難問を解くことにつながると私は考えています。

　このような観点から、私自身が、２兆円という初等中等教育に関する国の予算をお預かりする立場としてつくづく大事だと痛感しておりますのは、「何のために義務教育費国庫負担金という仕組みがあり、全国の公立小・中学校の先生方の給料の３分の１を国が負担しているのか」という原点です。

　この仕組みによって、日本全国どこであろうと、子供がいれば必ず学級ができ、学校ができる。教師の給料は多少の違いはありますが、基本的には全国おおむね同一水準で、そのことで都市圏、首都圏に優秀な先生が集中することがないようにしている。この仕組みは、大正・昭和・平成・令和と100年にわたる積み重ねのなかで我が国の先人が創り上げてきた、未来社会を創造する仕組みであり、この仕組みが社会の構造的変化のなかでさらに効果的に機能するよ

うに知恵をしぼらなければならないと思っています。

〈注〉

1　Society3.0（工業社会）、Society4.0（情報化社会）に続く、「超スマート社会」。AI、ビッグデータ、Internet of Things（IOT）等の先端技術が高度化してあらゆる産業や社会生活に取り入れられ、社会の在り方そのものが「非連続的」と言えるほど劇的に変わるとされる（文部科学省「Society5.0に向けた人材育成〜社会が変わる、学びが変わる」2018年6月5日）。

2　合田哲雄「文部科学省の政策形成過程に関する一考察　『アイディア』と『知識』に着目して」『日本教育行政学会年報』35号、2009年。

3　これまでのデジタル革命とは異なり、ディープラーニング革命と言われるAIの飛躍的進化により、AIは情報やデータを構造的に把握するための「概念」（シニフィエ）を獲得する端緒が開かれつつある。この進化により、産業構造や社会の在り方が激変すると指摘されている（松尾豊『人工知能は人間を超えるか　ディープラーニングの先にあるもの』KADOKAWA、2015年）。

4　蒸気機関で動力を獲得した第1次産業革命、電気・モーターで動力が革新した第2次産業革命、コンピュータで自動化が進んだ第3次産業革命に次ぐ、18世紀の最初の産業革命以降の4番目の主要な産業時代。大量の情報をもとにAIが自ら考えて最適な行動をとるといった技術に基づいた社会変革が生じるとされる（経済産業省・産業構造審議会新産業構造部会事務局「新産業構造ビジョン」2017年5月30日）。

5　五神真『大学の未来地図　「知識集約型社会」を創る』筑摩書房、2019年。

6　市場に流通している商品がメーカーごとの個性を失い、消費者にとってはどこのメーカーの品を購入しても大差のない状態となること。

7　政府が国民の生活を最低限保障するため、年齢・性別等に関係なく、一律で現金を給付する仕組み。

8　新井紀子のメディア私評「仏のAI立国宣言　何のための人工知能か、日本も示せ」（『朝日新聞』2018年4月18日朝刊）。

9　軽部謙介『官僚たちのアベノミクス』（岩波書店、2018年）には、「妥協」という言葉が出ると嫌な顔をした白川方明日本銀行総裁（2012年当時）に対し、「官僚は逆だった。彼らの特性の一つは、何か対立する問題で議論していても常に『落としどころ』を考えることだ。期限が切られていればなおさらだ。答えが出せなかったでは済まされないことがあれば、議論を双方が満足する形で着地させねばならない。そういう妥協点とか『落としどころ』を探るのは霞が関官僚の最も得意とするところだった」とある。

拝啓　初めてお手紙差し上げます。自己紹介を、と思ったのですが、過日、コラム「『出藍の誉れ』時代の学校教育―浮き足立たず、自信をもって子供たちに向き合っていただくために―」を、文部科学省初等中等教育局のメルマガ「初中教育ニュース」第327号※に掲載いたしました。

　私自身の恩師や先生方への敬意や現在の職務について率直に書きましたので、ご笑覧いただければ幸甚です。

　未来社会は、目の前の子供たちが大人を乗り越えて新しい価値を生み出すことでしか形を現わさない「出藍の誉れ」時代ですね。人工知能（AI）が「解なし」と答えたときに求められるのは、超人的な力ではなく、言葉を正確に理解し、考え、表現するための基礎的な力。だからこそ、教科固有の見方・考え方を働かせて概念を軸に知識を構造的に理解し、考えさせてきた我が国の学校教育は、浮き足立たずにその蓄積を活かし、子供たちの力を引き出すことが求められています。

「出藍の誉れ」時代は、学校が社会をリードする時代。社会と学校のバッファとして信頼と支援の好循環を確立するという文部科学省の使命をしっかり果たしたいと存じております。

　これから1年間、月に1回、お便り申し上げます。どうぞおつき合いください。では、また来月。どうかご自愛の程を。　　　　　敬具

※2018年2月23日発行。インターネットで「初中教育ニュース　第327号」と検索してみてください。

拝啓　ご無沙汰いたしております。過ごしやすい季節、いかがお過ごしでしょうか。

　城山三郎の小説『官僚たちの夏』※に「暑いだけでなく、熱い夏が、また、やってきた。……その季節は、官僚たちが新政策づくりに燃え上る最も熱っぽい季節でもある。窓から見えるプラタナスの青葉若葉の勢いに負けぬほど、省内の若手たちは芽をふき、青くさいほどの議論が、古っぽい建物に溢れ返る」という一節があります。

　文部科学省でも、永田町随一の政策通の林芳正大臣のもと、今まさに若手を中心にした政策論議が重ねられています。来年度の概算要求といった目の前の課題だけではなく、勝者の一人勝ちになりかねないSociety5.0において、個人の尊厳と公正さを確保するために学校が果たすべき役割は何かといった難問に真正面から向かい合ったり、改革派の校長や教育長のプラットフォームを手弁当で創ったり、派遣されていた隠岐島前高校の東京応援団を買って出たり。そんな姿に、手前味噌ですが、未来を見据えながら、子供たちの学びや先生方を支え、自らの職責を誠心誠意果たそうとする若手の「思い」を感じています。

「忖度」だ「劣化」だという批判を謙虚に受け止め、時に歯を食いしばりながら、民主政治の黒衣である官僚の矜持をもって「熱い夏」を過ごしている若手。その思いを実現するために永田町や霞が関を走り回って説得するのが財務課長の仕事です。これからもどうかよろしくご教導ください。また来月。くれぐれもご自愛ください。

敬具

※1975年新潮社刊行の当時の通商産業省（現・経済産業省）を舞台にした「官僚小説」。それから40年ほど経過した霞ヶ関を描いた軽部謙介『官僚たちのアベノミクス』（岩波書店、2018年）と併せて読んでいただくとおもしろいかもしれません。

学校の目的を実現するための学習指導要領
——その役割と変遷（1958年から2008年まで）

教育課程行政とは、
学習指導要領とは

●教育課程と学習指導要領

　第１章では、未来社会を創造する学校教育という観点から、我が国の教育は浮き足立つことなく、これまでの蓄積を活かして進化することが求められていることと、その背景にある社会の構造的変化を見てきました。本章では、この進化のうえで、学習指導要領が果たしている役割と50年にわたる変遷（昭和33〈1958〉年から平成20〈2008〉年まで）を振り返ってみたいと思います。

　「教育課程行政」という言葉があります。教育行政に関するテキストでも使われていますが、耳慣れない言葉かもしれません。「教育課程」とは、「学校教育の目的や目標を達成するために、教育の内容を生徒の心身の発達に応じ、授業時数との関連において総合的に組織した各学校の教育計画」（「中学校学習指導要領解説（総則編）」）であり、①学校の教育目標、②年間の指導計画、③授業時数の配当（時間割）の３つが重要な要素です。

　一方、「行政」とは、国民の代表で構成された国会（地方自治体においては、住民から直接選挙される首長と議会）によって決定された公共政策を実行するための活動です。

したがって「教育課程行政」とは、国民や住民の意思である法律や条例、予算などに従って、学校における教育課程の編成やその実施を支えるための文部科学省や教育委員会などの活動であり、その教育課程行政において最も重要な役割を果たしているのが、教育基本法や学校教育法といった法律に基づき、各学校における教育課程の全国的な基準として、文部科学大臣が定めている「学習指導要領」です。

　この教育課程行政において留意しなければならないのは、現在千代田区立麹町中学校長の工藤勇一先生が指摘しているように、何が目的で、何が手段かを混同して目的を見失うことにより、手段を目的化してはならないということです。「学習指導要領は、あくまでも、国が定める教育課程の大綱的な基準にすぎません。教科書を使って授業を行っていますが、子どもの状況に合わせて、内容を加えて教えたり、教材を工夫して教えたりすることはいくらでもできるはずです。確かに北海道から沖縄まで、全国すべての自治体において、子どもたちが学べる内容を保障することは大切です。しかし、一方で学習指導要領の存在が、学校をどこか窮屈にしているように感じます。この背景には、私も含め校長や教員が『考える』ことをやめてしまったことにあるのではないでしょうか[11]」という工藤先生の指摘はそのとおりで、学習指導要領改訂を担当していた者として、この窮屈さをなんとか払拭したいと思っています。

　では、学校教育の目的とはいったい何でしょうか。それを確認するためには、まず教育基本法や学校教育法といった法律に立ち返る必要があります。なぜなら、法令には、法律（たとえば学校教育法）、政令（学校教育法施行令）、省令（学校教育法施行規則）などがあり、学習指導要領のような告示も含まれることもあるとされています。

　学校や教師の立場に立てば、これらはすべて法令ですから同じようなものと受け止められるかもしれません。しかし、「法律」は国会

で可決することが成立の要件ですから、大雑把に申し上げれば700人いる国民の代表である国会議員の、半分の350人以上が賛成しなければ成立しないという意味で、国民の意思を意味する最も重要な法令です。

　それに対して、その法律を実施するために内閣が定める法令が「政令」、各省大臣が定める法令が「省令」、そして各省大臣が自らの所掌事務に関する事項を官報に公示した文書が「告示」です。このような仕組みのなか、民主政において、学校教育の目的とは何かといった根本問題について立ち返るべきはまず法律であることがご理解いただけると思います。

　実際に、学校教育の目的は法律に規定されており、とくに我が国の教育関係の法律は、「目的」（その教育は何のために行われるのか）と「目標」（目的を実現するための具体的なめあては何か）の連鎖で学

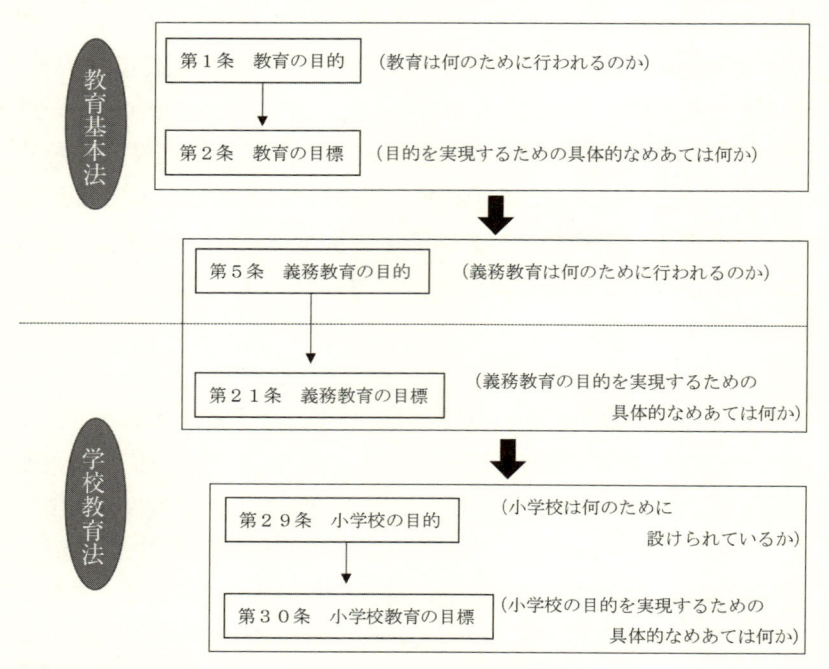

図2　我が国の教育法制における教育の「目的」と「目標」

校制度を形づくっています（**図2**）。

　まず、教育基本法においては、学校教育や社会教育などを含めた広い意味での教育の「目的」（第1条）と「目標」（第2条）を定め、また、義務教育の「目的」を規定しています（第5条第2項）。そのうえで、学校教育法において義務教育の「目標」を規定しています（第21条。下線は筆者。以下同）。

○「教育」の目的と目標

〈目的〉

　教育基本法第1条（教育の目的）

　教育は、<u>人格の完成</u>を目指し、<u>平和で民主的な国家及び社会の形成者として必要な資質を備えた心身ともに健康な国民の育成</u>を期して行われなければならない。

〈目標〉

教育基本法第2条（教育の目標）

　教育は、その目的を実現するため、学問の自由を尊重しつつ、次に掲げる目標を達成するよう行われるものとする。

一　幅広い知識と教養を身に付け、真理を求める態度を養い、豊かな情操と道徳心を培うとともに、健やかな身体を養うこと。

二　個人の価値を尊重して、その能力を伸ばし、創造性を培い、自主及び自律の精神を養うとともに、職業及び生活との関連を重視し、勤労を重んずる態度を養うこと。

三　正義と責任、男女の平等、自他の敬愛と協力を重んずるとともに、公共の精神に基づき、主体的に社会の形成に参画し、その発展に寄与する態度を養うこと。

四　生命を尊び、自然を大切にし、環境の保全に寄与する態度を養うこと。

五　伝統と文化を尊重し、それらをはぐくんできた我が国と郷土を愛するとともに、他国を尊重し、国際社会の平和と発展に寄与す

る態度を養うこと。

○「義務教育」の目的と目標

〈目的〉

教育基本法第5条（義務教育）

  2 義務教育として行われる普通教育は、<u>各個人の有する能力を伸ばしつつ社会において自立的に生きる基礎</u>を培い、また、<u>国家及び社会の形成者として必要とされる基本的な資質</u>を養うことを目的として行われるものとする。

〈目標〉

  学校教育法第21条 義務教育として行われる普通教育は、教育基本法（平成18年法律第120号）第5条第2項に規定する目的を実現するため、次に掲げる目標を達成するよう行われるものとする。

一 学校内外における社会的活動を促進し、自主、自律及び協同の精神、規範意識、公正な判断力並びに公共の精神に基づき主体的に社会の形成に参画し、その発展に寄与する態度を養うこと。

二 学校内外における自然体験活動を促進し、生命及び自然を尊重する精神並びに環境の保全に寄与する態度を養うこと。

三 我が国と郷土の現状と歴史について、正しい理解に導き、伝統と文化を尊重し、それらをはぐくんできた我が国と郷土を愛する態度を養うとともに、進んで外国の文化の理解を通じて、他国を尊重し、国際社会の平和と発展に寄与する態度を養うこと。

四 家族と家庭の役割、生活に必要な衣、食、住、情報、産業その他の事項について基礎的な理解と技能を養うこと。

五 読書に親しませ、生活に必要な国語を正しく理解し、使用す

る基礎的な能力を養うこと。

　六　生活に必要な数量的な関係を正しく理解し、処理する基礎的
　　な能力を養うこと。

　七　生活にかかわる自然現象について、観察及び実験を通じて、
　　科学的に理解し、処理する基礎的な能力を養うこと。

　八　健康、安全で幸福な生活のために必要な習慣を養うとともに、
　　運動を通じて体力を養い、心身の調和的発達を図ること。

　九　生活を明るく豊かにする音楽、美術、文芸その他の芸術につ
　　いて基礎的な理解と技能を養うこと。

　十　職業についての基礎的な知識と技能、勤労を重んずる態度及
　　び個性に応じて将来の進路を選択する能力を養うこと。

　これらの規定を踏まえ、学校教育法は各学校種の目的と目標を以
下のとおり規定しています。

・「小学校」の目的と目標
　学校教育法第29条（小学校の目的）、第30条（小学校教育の目標）

・「中学校」の目的と目標
　学校教育法第45条（中学校の目的）、第46条（中学校教育の目標）

・「高等学校」の目的と目標
　学校教育法第50条（高等学校の目的）、第51条（高等学校教育の
　目標）

・「特別支援学校」の目的
　学校教育法第72条（特別支援学校の目的）、第73条（特別支援学
　校の目的の明示）

　たとえば、小・中学校については、具体的に以下のように規定さ
れています。

○「小学校」の目的と目標

〈目的〉

　学校教育法第29条　小学校は、<u>心身の発達に応じて、義務教育として行われる普通教育のうち基礎的なものを施す</u>ことを目的とする。

〈目標〉

　学校教育法第30条　小学校における教育は、前条に規定する目的を実現するために必要な程度において第21条各号に掲げる目標（＝28 〜 29頁の義務教育の目標　※筆者注）を達成するよう行われるものとする。

　2　前項の場合においては、生涯にわたり学習する基盤が培われるよう、基礎的な知識及び技能を習得させるとともに、これらを活用して課題を解決するために必要な思考力、判断力、表現力その他の能力をはぐくみ、主体的に学習に取り組む態度を養うことに、特に意を用いなければならない。

○「中学校」の目的と目標

〈目的〉

　学校教育法第45条　中学校は、<u>小学校における教育の基礎の上に、心身の発達に応じて、義務教育として行われる普通教育を施す</u>ことを目的とする。

〈目標〉

　学校教育法第46条　中学校における教育は、前条に規定する目的を実現するため、第21条各号に掲げる目標（＝28〜29頁の義務教育の目標　※筆者注）を達成するよう行われるものとする。

　法律は国民の代表者で構成される国会の議決に基づいて制定されたもので、いわば国民の意思です。したがって、これらの条文を並

べて書き出してみると、国民は、我が国の義務教育に対して、①「社会において自立的に生きる基礎」を培うこと、②「国家及び社会の形成者として必要とされる基本的な資質」を養うことを負託（要請）していることがわかります。これこそ義務教育の目的であり、「はじめに」で紹介した「自分の足で立って、自分の頭で考える人になってください」という言葉は、法律の規定に表れているまさに国民の意思と申せましょう。

　他方、「〇〇をしてはならない」という消極的な形で公教育に対する要請を定めている例として、「特定の政党を支持し、又はこれに反対するための政治教育その他政治的活動」や国公立学校における「特定の宗教のための宗教教育その他宗教的活動」の禁止をあげることができます（教育基本法第14条第2項、第15条第2項）。

教育基本法第14条（政治教育）　良識ある公民として必要な政治的教養は、教育上尊重されなければならない。

　2　法律に定める学校は、特定の政党を支持し、又はこれに反対するための政治教育その他政治的活動をしてはならない。

第15条（宗教教育）　宗教に関する寛容の態度、宗教に関する一般的な教養及び宗教の社会生活における地位は、教育上尊重されなければならない。

　2　国及び地方公共団体が設置する学校は、特定の宗教のための宗教教育その他宗教的活動をしてはならない。

　このような法律という形で表されている国民の負託を踏まえ、公教育においては、全国的に一定の教育水準を確保し、全国どこの学校においても同水準の教育を受けることができる機会を保障することが必要です。そのために、学校教育法は「小学校の教育課程に関する事項は、第29条（＝29頁の小学校の目的　※筆者注）及び第30

条（＝30頁の小学校教育の目標　※筆者注）の規定に従い、文部科学大臣が定める」（第33条）と規定しています（中学校や高等学校、特別支援学校等も同様）。この規定により、文部科学大臣が、法規としての性格を有するものとして、教科等の目標や内容などについて必要かつ合理的な事項を大綱的に示した教育課程の全国的な基準が、「学習指導要領」です。

　したがって、学校が教育課程を編成し実施する際に、「学習指導要領」に示している内容はすべての児童・生徒に確実に指導しなければなりませんし、前述のような政治的活動や公立学校における宗教的活動はできません。

　他方、学習指導要領は、教育基本法や学校教育法に規定された学校教育の「目的」を実現するための具体的な手立てや手段を定めた「大綱的基準」です。学校や教師は、学習指導要領が示したもの以外の内容を加えて指導したり、単元のまとまりを見通して特定の内容に思い切って重点を置いて指導したり、指導の順序を組み替えたりするなど児童・生徒の実態に即した創意工夫が可能であり、効果的な教育活動にとってこの創意工夫が重要であることはもちろんです。

　さらに、文部科学省に申請することにより、学校や地域の特色を生かしたり、不登校の児童・生徒に配慮したりした特別の教育課程を編成して実施することもできます（学校教育法施行規則第55条の2〈教育課程特例校〉、第56条〈不登校児童生徒特例校〉）。

　学校において、「教育の質の全国的な確保という共通性」と「地域や児童・生徒に応じた創意工夫に基づく多様性」を両立させるための重要な仕組みが、学習指導要領です。

●学習指導要領の変遷（1958年から2008年まで）

　我が国の学校の教育課程の歴史的な展開については、さまざまな

書籍により理解することができます。戦後、我が国においては新教科「社会科」が創設され、「ある主題について、討議して学習を進め、人々に会って知識を得る習慣を作り、社会生活に関して、自分で調査し、資料を集め、記録・地図・写真統計等を利用し、またこれを自分で作製する能力を養う」(学習指導要領社会科編〈試案〉第一章第二節「社会科の目標」、昭和22〈1947〉年)といった経験主義的な内容が特徴的でしたが、これはアメリカの教育の影響だけではなく、戦時中の内閣附属の「総力戦研究所」におけるシミュレーションの経験も背景になっていたとの研究に接すると、歴史のおもしろさを実感します。

　ここでは、この経験主義的な戦後教育に対する「はいまわる経験主義」との批判や学力低下といった指摘を踏まえ、各分野の知識に関する系統学習を重視することになった昭和33(1958)年の小・中学校学習指導要領の公示からその変遷を振り返ってみたいと思います。

　学習指導要領は、社会の構造的な変化や児童・生徒の状況を踏まえ、おおむね10年に一度、改訂(全面改正)されています(以下、小学校の学習指導要領が公示されたときで説明いたします)。

　図3の「●」は、それぞれの改訂による新課程への移行段階を小学校中学年で迎えたその改訂の実質的な第1期生たちが大学・短期大学に進学したとすれば、何年頃に進学したかを示しています。たとえば、昭和33(1958)年に公示された小・中学校学習指導要領の完全実施への移行段階を小学校中学年で迎えたこの学習指導要領の第1期生たちが大学や短期大学に進学したとしたら、昭和43(1968)年から44(69)年頃だということです。

　そのため、本書の刊行時(令和元〈2019〉年度)においては、おおむね、昭和33(1958)年学習指導要領ではぐくまれた方々が60歳代、昭和43(1968)年改訂は50歳代、昭和52(1977)年改訂は40

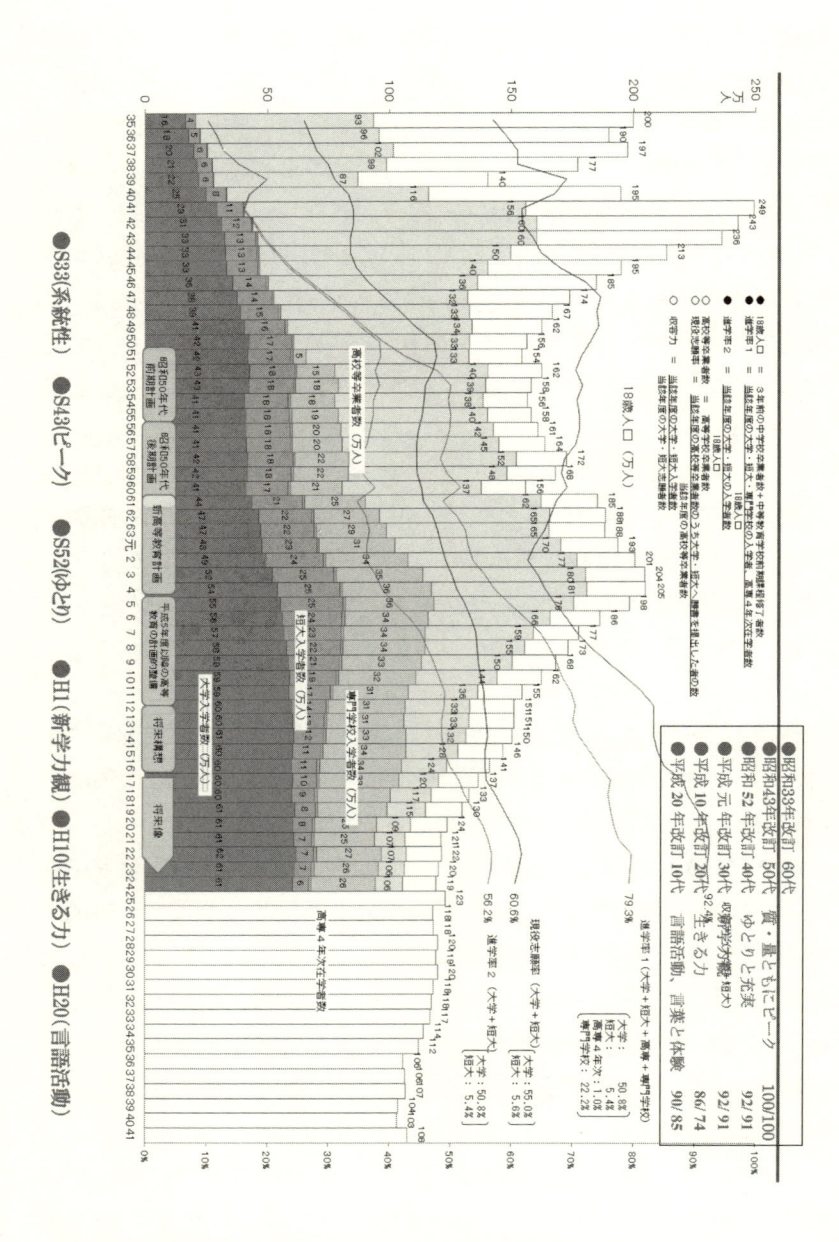

図3　学習指導要領改訂と18歳人口・大学進学率等の推移

歳代、平成元(1989)年改訂は30歳代、平成10(1998)年改訂は20歳代、そして平成20(2008)年改訂の第1期生は19歳の学年となります。

　このように、本書刊行時に60歳代の方々(1950年代生まれ)が受けた教育課程の基準である昭和33(1958)年の学習指導要領(公示したのは、灘尾弘吉文部大臣)は、前述のとおり社会科の創設など新しい理念に基づく戦後の新制小・中学校に対する「はいまわる経験主義」といった批判や学力が低下したとの指摘を踏まえ、各教科の持つ系統性を重視し、基礎学力の充実を図るとともに、道徳の時間が設けられました。また、学習指導要領が学校教育法の規定により文部大臣が公示する「告示」という形式になったのも、昭和33(1958)年からです。

　同じく50歳代の方々(1960年代生まれ)は昭和43(1968)年改訂(灘尾弘吉大臣。その後衆議院議長なども務められた灘尾大臣は二度にわたって学習指導要領を公示したこれまでで唯一の大臣です)による教育課程で教育を受けました。当時は、高度経済成長のなかで工業化社会を担う人材(マンパワー)の育成を重視し、教育を一つの投資と捉える教育投資論が盛んで、昭和37(1962)年の教育白書『日本の成長と教育』は、今読んでも新鮮なほど教育投資論の発想で貫かれていました。この高度経済成長を背景に、昭和43(1968)年改訂により、我が国の教育課程は、教育内容も授業時数も量的にピークを迎えました。小学校高学年の算数で当時最先端の「集合」概念を扱ったり、多くの普通科高校では文系を選択しても理科は物理・化学・生物・地学をすべて履修させたりしていたのがこの時期です。
　しかし、多くの子供たちが理解できないほどの多くの内容を早いスピードで指導したため「新幹線教育」といった批判を受け、稲葉修文部大臣が国会で「学校教育におけるあまりにも知育偏重に傾いた

従来の文部省が出しております学習指導要領のごときものはもう少し簡素化できないものか」「学習指導要領につきましては、審議会があって、審議会の議を経なければ変えられないような事務当局の解釈を私承りまして、それではなかなかまた間に合わないし、（審議会の委員を　※筆者注）また集めれば（指導内容は　※筆者注）ふえればこそ減りはしないからどうもというふうに思うものですから、次官通達とか大臣通達とかということで、府県の教育委員会、市町村の教育委員会を通じて、それぞれの学校において弾力的に運用をしてもらいたい、こういう通達でも出したらどうかなということをいま考えている段階であります」と答弁し（昭和47〈1972〉年8月10日参議院決算委員会）、実際、この趣旨を明確にするための学習指導要領の一部改正を行い、同年10月27日に「小・中・高等学校等の学習指導要領の一部改正ならびに運用について」通知したこともありました。[17]

　しかし、昭和43（1968）年改訂の第1期生たちが大学・短大に進学したのは、**図3**のとおり昭和53（1978）年頃で、別途文部省は昭和51（1976）年から大学教育の質の確保のために大学・短大進学率を政策的に3〜4割に抑制する「高等教育計画」を実施していました。したがって、本書刊行時の50歳代の方々は義務教育も大学受験も大変な世代だったと申せましょう（**図4**のように、戦後の教育政策の転換を義務教育、高校教育、高等教育、社会の構造的変化で並べてみると、それぞれの世代が受けた教育をトータルで捉えることができます）。

　そこで、40歳代の方々（1970年代生まれ。本書刊行時に49歳の私はこの世代に該当します）が受けた昭和52（1977）年改訂（海部俊樹文部大臣）では、各教科の基礎的・基本的な事項を確実に身につけられるように教育内容を精選し、小・中学校の授業時数を1割程度削減するなど「ゆとりと充実」を目指しました。小学生だった私も、

期	義務教育	高校教育	高等教育	広井良典　京都大学教授
【新学制定着期】 S20(45)〜S25(50)	S22(47) 新制小・中	S23(48) 新制高校 →【42.5%】	S24(49) 新制大学	○農業段階　土地所有をめぐる格差 　強力な議会の平等地政策（①農地改革、②中小企業助成）
【拡大期】 S26(51)〜S45(70)	S33(58) 指導要領改訂 （告示・道徳・系統性） S43(68) 指導要領改訂 （教育内容の現代化）	S35(60) 指導要領改訂 （一つの基本路線） S36(61) 高校課程の多様化 S38(63) 入試改善通知 S45(70) 指導要領改訂 （調和と多様化） 【45.6%】→【82.1%】 【85.0%】→【95.8%】	S36(61) 高専制度創設 S36(61) 池田科技庁官報告 S43(68)〜大学紛争 S44(69) 臨法 【10.1%】→【23.6%】 【26.8%】→【36.3%】	○産業化・前期 ● 生産部門を通じた再分配（支付税、農業補助金、中小企業助成） → 成長の果実を産業部門で調整 → 社会保障政策ではなく産業政策 ○産業化・後期 ● 公共事業型社会保障（職の提供を通じた生活保障） → 労働力移動の固定化 → 社会保障の遅れ
【検討期Ⅰ】 S46(71)〜H2(90)	—	中教審46答申（先導的試行、高等教育計画） S47(72) 稲葉文相談話「知的教育にかたより…」 S52(77) 指導要領改訂（ゆとりと充実） S58(83) 町田忠中事件 S59(84)〜S62(87) 臨教審（個性重視・生涯学習・変化への対応） H1(89) 指導要領改訂（新学力観、生活科） H1(89) 指導要領改訂（世界史、家庭科） 【95.9%】→【96.5%】	S51(76) 高等教育計画（量的抑制） S52(77) 入試センター発足 【37.7%】→【52.3%】	○退職（高齢者）をめぐる格差 ● 生産者型社会保障（職の提供を通じた生活保障） → 社会保障の縮減
【検討期Ⅱ】 H3(91)〜	H10(98) 指導要領改訂 （生きる力、総合学習） H14(02) 学びのすすめ 完全5日制 PISA2003公表 H16(04) 未履修問題 H18(06) 指導要領改訂 H20(08) 指導要領改訂 H21(09) 指導要領改訂 （習得・活用・探究） （共通化）	H4(92) 月1回の5日制 H7(95) 月2回の5日制 H5(93) 総合学科 H8(96) OECD：The Knowledge-based Economy → DeSeCo, PISA H10(98) 中高一貫 H11(99) 指導要領改訂（生きる力、情報、総合） H16(04) 国立大学法人化 法科大学院認証評価	H9(97) 高等教育計画から「将来構想」へ H3(91) 大学院重点化	○ポスト産業化　現役世代（都市居住者）内部の格差 ● 生活保障（職を通じた分配の必要性）内部の格差 　社会保障制度の崩壊 → 社会保障による再分配（人生前半の社会保障（教育等）の充実） 　① 人生前半の社会保障（教育等） 　② ストック（相続・土地）をめぐった再分配

※ 高校進学率はデータの比較の関係上、通信制課程への進学者を除いた高校進学率、大学教育の②拡大期の10.1%はデータの最も古い昭和29年の大学・短大進学率

図4　戦後の教育政策の展開　─社会の構造的変化、初等中等教育政策と高等教育政策─

各教科等の標準授業時数が削減された結果、毎週学校裁量の時間である「ゆとりの時間」(時間割には「ゆ」と表記してありました)が設けられたことを覚えています。その意味で、私どもの世代のなかには、本書刊行時に20歳代の方々を「ゆとり世代」などとひとくくりに言う人もいますが、そのような言い方をするならば現在の40歳代こそ「ゆとり世代」の第1期生だと申せましょう。

　その後、30歳代の平成元(1989)年改訂(西岡武夫文部大臣)、20歳代の平成10(1998)年改訂(有馬朗人文部大臣)と社会と子供たちの変化を踏まえ改訂が重ねられてきました。
　平成元(1989)年改訂は、小学校低学年における生活科の創設などが行われましたが、授業時数や教育内容は基本的に昭和52(1977)年改訂を引き継ぎました。しかし、文部省が、改訂の基本的な考え方として「新しい学力観」を掲げ、「教師は、指導者ではなく支援者である」「教え込みはいけない」などと指導したことが、とくに小学校における指導の在り方に影響を与えました。
　また、平成10(1998)年改訂においては、学校週5日制への対応と総合的な学習の時間の創設のために、小・中学校において、国語、算数・数学、理科、社会、外国語の授業時数を質・量ともにピークであった昭和43(1968)年改訂に比べ26％減と大幅に削減しました(**図5**)。その結果、たとえば理科における天体の学びは、小学校4年で「月と星」を扱った後は中学校3年まで4年間行われないこととなったり、中学校理科の「水溶液とイオン」「遺伝の規則性と遺伝子」といった重要な学びが削除されたりして、当時福岡県教育庁の高校教育課長だった私は、ここまで内容事項が削減され教科書が薄くなると、「考える力」を試す良質な高校入試問題が作成できないと担当者が苦労している様子に直面したことを覚えています。

　経済協力開発機構(OECD)は、13頁にあるとおり先進国を中心

に社会の構造が知識基盤型になるとの認識のもと、2000年から知識基盤社会に求められるキー・コンピテンシーを測定するためのPISA調査(Programme for International Student Assessment)を実施しています。このPISA調査において、我が国の15歳の子供たちの学力が2003年、2006年と有意に低下したことが明らかになりました(**図6**)。

　内閣府が毎年行っている「社会意識に関する世論調査」のなかで、「現在の日本の状況について、悪い方向に向かっていると思うのは、どのような分野か」という問い(複数回答、上位6項目)があります。平成19(2007)年1月に行われた同調査では、「教育」をあげた割合が36.1％と最も多く、しかもこれは前年の23.8％から実に12.3％も急上昇した結果でした。このように平成16(2004)年12月のPISA2003の結果公表以降の数年は、「ゆとり教育」批判やPISAショックにより学習指導要領や教育課程行政、公立学校に対する不信が頂点に達していたと言えましょう。

　私はこの頃、教育課程行政を担当しており、日々「炎上」とも言えるような厳しい指摘を受けるなかで、公立学校の意義や役割を政治家や経済人などの影響力の強い方々にどう説明するかずいぶん悩みました。多くの方々とお目にかかり、さまざまな書籍や論文などを

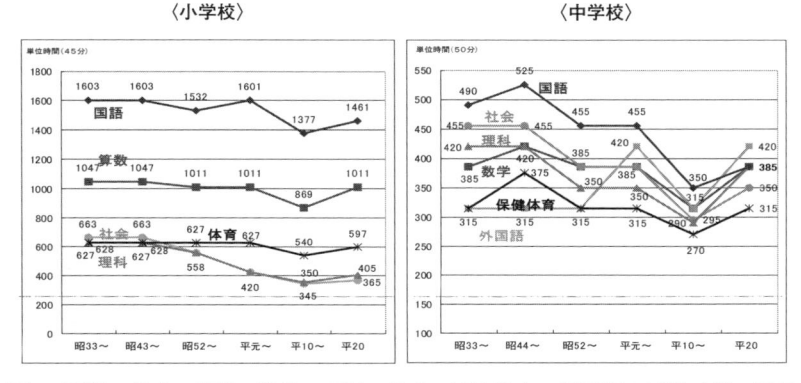

図5　国語、社会、算数・数学、理科、体育・保健体育、外国語の授業時数の推移

読みましたが、「なるほど！」という説得力ある論陣を張っていたのは、リクルート出身で当時杉並区立和田中学校長だった藤原和博先生[18]、京都市立堀川高校の改革に取り組んだ荒瀬克己先生、基礎学力の確実な定着についての教育実践を重ねていた陰山英男先生、授業を習得サイクルと探究サイクルの媒介と位置づける認知心理学者の市川伸一東京大学教授[19]、そして深い学識で我が国の教育をリードしている梶田叡一先生といった方々で、今でもたいへん感謝しています。これらの方々が異口同音に指摘なさっていたのは、我が国の教育は「詰め込み」か「ゆとり」か、習得か探究かの二項対立から脱却しなければならないということでした。このような指摘が平成20（2008）年改訂の基本的な考え方を形づくりました。

　「小学生は朝から晩まで計算ドリルや漢字の練習をすべき」（習得の重視）と「素振り（習得）を100万回しないとコートでの実戦試合（探究）はできないというのか」（探究の重視）と意見は大きく割れ、しかも世論は前者にグッと傾くなかで、「詰め込み」か「ゆとり」か、習得か探究かの二項対立を超えた議論の「土俵」をつくってそれを広

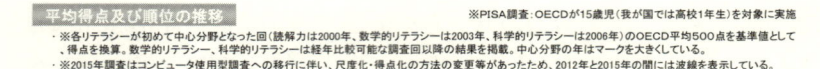

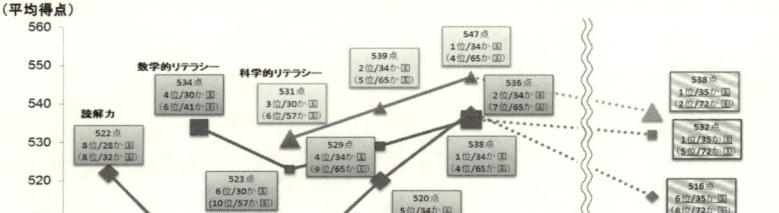

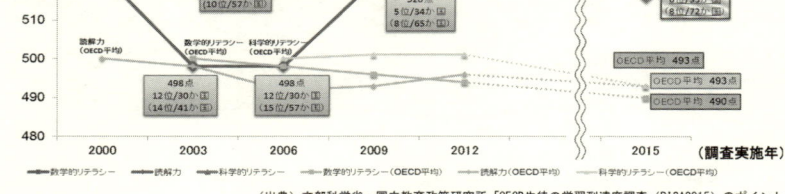

（出典）文部科学省・国立教育政策研究所「OECD生徒の学習到達度調査（PISA2015）のポイント

図6　OECD生徒の学習到達度調査（PISA）の結果—平均得点及び順位の推移—

げなければならなかったわけですが、そのためには、教育界のなかでのみ通用する言葉やロジックは全く役に立たず、ここでお名前をあげたような方々の豊かな実践と明確なメッセージでなければ社会に訴えるところがないことをつくづく痛感しました。

　平成20（2008）年改訂に関する中央教育審議会答申（平成20〈2008〉年1月17日）は、これまでの学習指導要領や教育課程行政の検証を踏まえ、平成10（1998）年改訂について、

① 「生きる力」の必要性や意味について、文部科学省（文部省）による趣旨の周知・徹底が十分ではなく、関係者間で共通理解がなされていない、

② 「教え込みはいけない」「教師は指導者ではなく支援者である」といった考え方のもと、学校における指導において、子供の自主性を尊重するあまり、教師が指導を躊躇する状況がある、

③ 平成10（1998）年の学習指導要領改訂において総合的な学習の時間を創設したが、この総合的な学習の時間の時数確保と学校週5日制の完全実施への対応のために、教科の体系性や系統性を損なう無理のあるかたちで各教科の教育内容の厳選を行ったこともあり、総合的な学習の時間と各教科との適切な役割分担と連携が十分に図られていない、

④ 教科において、基礎的・基本的な知識・技能の習得とともに観察・実験やレポートの作成、論述といった知識・技能を活用する学習活動を行うことが求められているにもかかわらず、教科の授業時数が十分ではない、

⑤ 学校教育における子供たちの豊かな心や健やかな体の育成について、家庭や地域の教育力が低下したことを踏まえた対応が十分ではない、

という5点にわたる課題があったことを明確にしました。
　中教審が次代を切り拓くために必要な資質・能力を「生きる力」と

表現したのは、平成8（1996）年の答申「21世紀を展望した我が国の教育の在り方について」でした。OECDにおいてPISA調査で測定すべきキーコンピテンシーを定義するプロジェクトは1997年末にスタートしましたから、次代を切り拓く資質・能力とは何かという議論は我が国の方が早かったことになります。しかし、OECDは、その資質・能力を測るためにテスト理論やデータ分析などの専門家を交えてPISA調査という学力調査を構築していったのに対し、我が国は平成10（1998）年改訂に向けて教育内容の厳選の議論を重ねました。指導内容を増やすことに比べ、減らすことはどのような考え方に基づいて減らすのかの思想が問われるむずかしい作業なのですが、平成20（2008）年改訂の担当者としては、平成10（1998）年改訂はこの「減らす思想」が必ずしも明確ではなかったと認識しています。

　平成20（2008）年の小・中学校学習指導要領改訂（渡海紀三朗文部科学大臣）は、このような検証を踏まえるとともに、「基礎的な知識及び技能」「これらを活用して課題を解決するために必要な思考力、判断力、表現力その他の能力」「主体的に学習に取り組む態度」という学力の三つの要素を明確に規定した学校教育法第30条第2項（30頁参照。平成19〈2007〉年の学校教育法改正において新たに規定）に基づき、「ゆとり」か「詰め込み」か、習得か探究かといった二項対立を乗り越えるために、

①　高校の指導内容になっていた「二次方程式の解の公式」や「遺伝の規則性」などを中学校に戻し、教科の内容の体系性や系統性を回復するとともに、

②　各教科等で「言語活動」に取り組み、発達の段階に応じて思考力等を一歩一歩着実に育成する具体的な手立てを確立する、

との大きな方向性のもとに行われました。その結果、たとえば国際教育到達度評価学会（IEA）の国際数学・理科教育動向調査（TIMSS）

調査においては、TIMSS調査の内容が各国の理数教育のカリキュラムに含まれているかどうかが公表されていますが、小学校算数（小学校算数のTIMSS調査の内容を小学校4年生までに履修している割合）は平成10（1998）年改訂の69％から平成20（2008）年改訂の83％へ、中学校数学（中学校数学のTIMSS調査の内容を中学校2年生までに履修している割合）は80％から91％へ、小学校理科は50％から59％へ、中学校理科は73％から84％へと上昇し、我が国の教育課程の国際的通用性が高まりました。

　中教審も指摘しているとおり、平成10（1998）年改訂の学習指導要領には教育課程の全国的な基準として課題があったことは事実であり、その蹉跌を文部科学省は忘れてはならないと思っておりますが、このことはこの改訂で育まれた本書刊行時に20歳代の方々が「ゆとり世代」で力不足だということを意味するものではけっしてありません。

　図7 は、PISA2000 〜 2015までの6回のPISA調査を受けた学年がどの年度に何年生だったかを縦で整理したものです。たとえば、PISA2000を受けたのは本書刊行時34歳の学年で、平成3（1991）年度には小学1年生でした。ベネッセが行っている子供たちの学校外の学習時間調査によれば、平成13（2001）年度に小学生・中学生ともに学習時間が最も短くなっていることが分かります。PISA調査において我が国の子供たちの成績が有意に低下したのはPISA2003と2006ですが、PISA2003を受けた学年（本書刊行時31歳）は平成13（2001）年度には中学2年生、PISA2006を受けた学年（本書刊行時28歳）は小学校5年生ですから、学習時間の低下がPISAの結果に影響した可能性が見てとれます。

　PISA2003で我が国の子供たちの成績が下がっていることが判明したのは平成16（2004）年12月。当時、「PISAショック」とも言えるほどの社会的な論議の盛り上がりのなかで、平成元（1989）年改

年度	学習指導要領	PISA調査各回の対象学年						全国学力・学習状況調査の実施	生徒の学習時間（ベネッセ調査（※））	
		PISA 2000	PISA 2003	PISA 2006	PISA 2009	PISA 2012	PISA 2015		小学生	中学生
平成3年（1991年）	↓	小1							87.2分（1990年）	96.9分（1990年）
平成4年（1992年）	平成元年（1989年）改訂・実施	小2								
	4年9月〜 学校週五日制実施（月1回）									
平成5年（1993年）		小3								
平成6年（1994年）		小4	小1							
	7年4月〜 学校週五日制実施（月2回）									
平成7年（1995年）		小5	小2							
平成8年（1996年）		小6	小3						77.9分	90.0分
平成9年（1997年）		中1	小4	小1						
平成10年（1998年）	平成10年（1998年）改訂	中2	小5	小2						
平成11年（1999年）		中3	小6	小3						
平成12年（2000年）		高1（調査年）	中1	小4	小1					
平成13年（2001年）	※学びのすすめ		中2	小5	小2				71.5分	80.3分
平成14年（2002年）	平成10年改訂実施 14年4月〜 完全学校週五日制実施		中3	小6	小3				最も少ない水準	
平成15年（2003年）	※一部改訂（15年12月）		高1（調査年）	中1	小4	小1				
平成16年（2004年）	基準性の明確化と補充・発展学習の追加 PISAショック	読解力：12/30位（14/41位） 数学的リテラシー：4/30位（6/41位） 科学的リテラシー：2/30位（2/41位）		中2	小5	小2				
平成17年（2005年）				中3	小6	小3				
平成18年（2006年）				高1（調査年） 読解力：12/30位（15/57位） 数学的リテラシー：6/30位（10/57位） 科学的リテラシー：3/30位（6/57位）	中1	小4	小1	全国学力・学習状況調査開始	81.5分	87.0分
平成19年（2007年）					中2	小5	小2			
平成20年（2008年）	平成20年（2008年）改訂				中3	小6	小3			
平成21年（2009年）	一部先行実施（算数・数学、理科の増）				高1（調査年） 読解力：5/34位（8/65位） 数学的リテラシー：4/34位（9/65位） 科学的リテラシー：2/34位（5/65位）	中1	小4			
平成22年（2010年）						中2	小5			
平成23年（2011年）	平成20年改訂実施 小：23年〜 中：24年〜					中3	小6			
平成24年（2012年）						高1（調査年） 読解力：1/34位（4/65位） 数学的リテラシー：2/34位（7/65位） 科学的リテラシー：1/34位（4/65位）	中1			
平成25年（2013年）							中2			
平成26年（2014年）							中3			
平成27年（2015年）							高1（調査年） 読解力：6/35位（8/72位） 数学的リテラシー：1/35位（5/72位） 科学的リテラシー：1/35位（2/72位）		95.8分	90.0分
平成28年（2016年）										

※ベネッセ教育総合研究所「第5回学習基本調査」報告書[2015]

図7 PISA調査と学年の対応関係

訂が打ち出した「新しい学力観」に基づく「教師は指導者ではなく支援者である」「教え込みはいけない」といった旧文部省の指導を受けた学校の雰囲気は払拭され、教育関係者が基礎・基本をしっかり定着させつつ、知識を活用する力をつけようと大きく舵を切りました。当時東京都内の公立小学校のPTA会長として学校に足しげく通っていた私は、このことを手応えをもって覚えていますし、梶田叡一先生は当時「学校現場にいい風が吹いているので、PISA2009は回復するのではないか」とおっしゃっていました。

　そのPISAショックが社会を席捲した平成16（2004）年度に小学校5年生だったのが、我が国の成績がV字回復したPISA2009を受けた学年（本書刊行時25歳）、小学校2年生だったのがPISA2012を受けた学年（本書刊行時22歳）です。PISA2009を受けた学年は、最も教科の授業時数や内容が削減された平成10（1998）年改訂の学習指導要領のもとで教育を受けた世代であることから、平成10（1998）年改訂は正しかったと主張する向きもありますが、私はそうは思いません。平成10（1998）年改訂には前述のような構造的な課題がありましたが、PISAショックを受けて、平成10（1998）年改訂によって薄くなった教科書に加え、内容が削減される前の平成元（1989）年改訂時の教科書をコピーして指導するといった教師の地道な取り組み、子供たち自身のがんばりや保護者の支援などが奏功したのであって、むしろ我が国の教育界の底力が明らかになったと思っています。

　そのことは、平成29（2017）年改訂に関する中央教育審議会答申（平成28〈2016〉年12月21日）も、「これまで社会や経済の量的拡大に支えられてきた我が国が、質的な豊かさに支えられる成熟社会に向かう中で、20代の若い世代の多くも、新しい時代にふさわしい価値観を持って、地域や社会を支え活躍している。現在の20代の若者たちについては、他の世代に比べ、働くことを社会貢献につ

なげて考える割合が高いとの調査結果がある。また、情報機器等を活用してつながりを生み出すことが得意な世代であるとの指摘もある。一部には、『ゆとり世代』などと一くくりに論じられることもあるが、これらの世代の活躍は、社会や経済の構造が急速に変化する中で、自らの生き方在り方を考え抜いてきた若者一人一人の努力と、学習内容の削減が行われた平成10年改訂の実施に当たっても、身に付けるべき知識の質・量両面にわたる重要性を深く認識しながら、確かな学力のバランスのとれた育成に全力を傾注してきた多くの教育関係者や保護者などの努力の成果であると言えよう」と指摘しています。本書刊行時に20歳代の方々を「ゆとり世代」などとひとくくりにする議論も、平成10(1998)年改訂には課題はなく、正しかったという主張もともに中教審は退けています。

〈注〉

10　青木栄一編『教育制度を支える教育行政』ミネルヴァ書房、2019年。

11　工藤勇一『学校の「当たり前」をやめた。』時事通信社、2018年。

12　法律の委任に基づき、国民の権利を制限し、国民に義務を課することを内容とする命令を「法規としての性格」を有する命令という。学習指導要領は、学校教育法第33条の規定に基づく文部科学省令(学校教育法施行規則第52条)の委任により制定された告示(国家行政組織法第14条第1項の規定に基づき各省大臣が所掌事務に関する必要な事項を公示したもの)であり、学校教育法を補充するものとして、学校や教師は、学習指導要領がすべての児童・生徒に指導すると規定している内容を指導すべき職務上の義務を負う。その意味において、学習指導要領は法的拘束力を有する。

13　学校や地域の特色を生かした特別の教育課程を編成できる制度で、2017年4月1日現在318件3,182校が指定されている。文部科学省へ申請し、学習指導要領に定める内容は指導されていると確認を受けることが必要で、申請期間は原則として毎年度8月1日～8月31日までとなっている(第5章参照)。

14　不登校児童・生徒の実態に配慮した特別の教育課程を編成できる制度で、2108年4月1日現在、八王子市立高尾山学園小学部・中学部や東京シューレ葛飾中学校など12校が指定されている。

15　たとえば、田中耕治他『新しい時代の教育課程　第3版』有斐閣、2011年。

16　牧野邦昭『経済学者たちの日米開戦』新潮社、2018年。

17 この通知と同時に稲葉修文部大臣は、以下のような大臣談話を公表した。

> 　文部省は、このたび小学校、中学校、高等学校等の学習指導要領の総則の一部を改正するとともに、事務次官通達をもって学習指導要領の適切な弾力的運用についてさらに指導の徹底を図ることとしました。(略)
>
> 　学校教育の現状はなお、ともすれば知的教育にかたより児童生徒の全人的な発展がおろそかになり、また一部の児童生徒については学習がふじゅうぶんに終わる傾向もみられます。
>
> 　私はこの際、このような傾向をすみやかに是正する必要を認め、ここの上記の措置をとったものであります。関係者各位におかれてはその趣旨をじゅうぶんご理解のうえ、実効が期せられるようご努力をお願いする次第であります。
>
> 　なお、学習指導要領の法的拘束力については、従来と変わりないことは言うまでもありません。

18 藤原和博『公立校の逆襲　いい学校をつくる！』朝日新聞社、2004年。
19 市川伸一『学ぶ意欲とスキルを育てる　いま求められる学力向上策』小学館、2004年。

拝啓　1ヵ月のご無沙汰でした。いかがお過ごしでしょうか。

　先日、郷里・倉敷で週末を過ごしました。倉敷は、大原美術館、倉敷商業高校、倉敷中央病院を創設し、未来を見据えてお金を活かした大原家の本拠地です。大原美術館前の旧大原家住宅は4月から「語らい座※」としてオープン。仕掛けたのは大原あかね・大原美術館理事長と山下陽子・前倉敷南高校長。同校は私の母校というご縁で、御両所に語らい座を案内いただきました。

　その際、同校では倉敷をフィールドとした探究活動「町衆プロジェクト」をリードし、語らい座では高校生と留学生の井戸端会議を企画する山下先生が「高校生にとって探究活動が大事だと確信しているが、語彙すらままならない子供たちとの格差が拡大することも事実」と懸念しておられたのが印象的でした。

　このジレンマは文部科学省が直面している難問そのもの。AIの飛躍的進化のなかで人間としての強みを発揮できるように、すべての子供たちに他者との対話や協働のなかで、自分の言葉で考え抜く力を育むことは大人の責任。学校の指導体制の強化や地域未来塾の展開とともに、新しい発想も必要となります。だからこそ、大原孫三郎の「すべて古い者の言いつけを後生大事に守っているような人間では仕様がない。子孫は先祖を訂正するためにある」といった覚悟と能動性をもって教育行政に取り組まなければと思いを新たにいたしました。語らい座は過去と向き合って未来を考えることができる稀有な空間です。また来月。ご自愛ください。　　　　　　　敬具

※「語らい座　大原本邸」のホームページをぜひご覧ください。この「語らい座」は、国指定重要文化財「旧大原家住宅」を舞台として、子供や若者、大人が立場の違いを越えて語らい、思索する得がたい場となっており、倉敷と大原家とのつながりは新しいフェーズを迎えたと実感しています。

拝啓　盛夏、いかがお過ごしでしょうか。この季節になると、福岡の柳川と思われる、掘割が多く風情溢れるある町の旧家の一夏を描いた福永武彦の小説『廃市※』を思い出します。そして、毎夏読み返すたびに、福岡県教育委員会に出向していた頃に見た柳川の美しい風景や子供たちの様子、伝習館高校の孔子立像や先生方との対話などが浮かんでまいります。文部科学省の職員にとって教育委員会勤務は、霞ヶ関の空論ではなく、自らの目で見た一人ひとりの教師や子供の具体的な姿という、確かな手応えを伴って自らの職務を理解することができる得難い機会です。

　学校の働き方改革には、この「確かな手応え」がとくに求められます。「子供が減少しているのだから教師はどんどん減らして当然」という空論の一方で、公立の義務教育諸学校等の教育職員の給与等に関する特別措置法（給特法）は「定額働かせ放題」、学校は「ブラック職場」といった印象的な言葉も飛び交っています。しかし、この問題の本質は、社会にとって教職の専門性とは何か、それにふさわしい勤務環境をいかに構築するか。教師としての矜持をもって子供たちと向き合っている先生方の具体的な姿から議論をはじめ、複雑に絡み合った課題を丁寧に解きほぐして改善のための手立てを確立することが大事であり、それが子供たちの学びの質を高める近道だと思って取り組んでいます。

　Society5.0時代を見通した文部科学省の政策ビジョンについて「初中教育ニュース」（第335号、2018年6月22日発行）にコラムを掲載しました。文科省のＨＰでご覧いただければ幸甚です。暑さ厳しい折柄、どうかご自愛ください。　　　　　　　　　　敬具

※1960年に刊行された福永武彦の短編小説。『廃市・飛ぶ男』（新潮社）に収録されており、1983年には大林宣彦監督の映画にもなりました。小説も映画もともに、柳川の美しさが印象的な作品です。福岡県に出向することになって、まず頭に浮かんだのが柳川でした。

3 2017年改訂のプロセスと基本的な考え方

学習指導要領は
どう改訂されたか、
そのポイントは何か

●平成29(2017)年改訂のプロセス

第2章では、昭和33(1958)年から平成20(2008)年の半世紀にわたる学習指導要領の変遷を見てまいりましたが、本章では平成29(2017)年の学習指導要領の改訂のプロセスや基本的な考え方について触れたいと思います。

学習指導要領の改訂は、どんなプロセスで行われているのでしょうか。私のような教員免許も教職経験もない文部科学省の職員が、霞が関のオフィスで淡々と事務的に作っているのでしょうか。もちろんそうではありません。学校教育法第33条等は、文部科学大臣に全国の学校の教育課程の基準である学習指導要領を定める権限を与えています。つまり、国民は文部科学大臣に学習指導要領を作成するよう求めているわけですから、学習指導要領には民主政における正統性があります。

しかし、だからといって文部科学省の職員が当代随一の有識者、知恵者と対話せずに淡々と事務的に作成した学習指導要領を、学校や教師、社会は信頼するでしょうか。学校における教育課程の基準である学習指導要領には、法律上の根拠とともに教科や学びについ

ての専門性の裏づけが重要であり、改訂のプロセスもこのことが前提になっています。

　学習指導要領改訂の担当セクションは、文部科学省初等中等教育局教育課程課（平成30〈2018〉年度末定員は20人）です。この教育課程課が事務局を務めつつ、40名程度の視学官・教科調査官（教職経験や研究歴のある教科等の教育の専門家）を軸に、中央教育審議会初等中等教育分科会の教育課程部会の委員として任命された470人を超える専門家や有識者が、2年間にわたって440時間以上の審議を積み上げて形づくられています。

　小・中・高校、特別支援学校等のすべての教育内容について見直すために、教育課程企画特別部会、小学校部会などの学校別の5つの部会、総則・評価特別部会、国語ワーキンググループなど教科等ごとの17のワーキンググループなど、教育課程部会のもとに設置された23に及ぶ会議体がそれぞれ精力的に審議を重ねました（**図8**）。

　具体的には、

平成26（2014）年11月　下村博文文科相が中央教育審議会に「諮問」

平成27（2015）年8月　中教審、改訂の基本的な方向性を示した「論点整理」公表

平成28（2016）年8月　中教審、具体的な改善策をまとめた「審議のまとめ」公表

　　　　　　　　12月　中教審、松野博一文科相に「答申」

平成29（2017）年2月　文科省、小・中学校学習指導要領改訂案を公表し、パブリック・コメントを実施（1万1,210件の意見が寄せられる）

　　　　　　　　3月　松野博一文科相、新しい小・中学校学習指導要領を公示

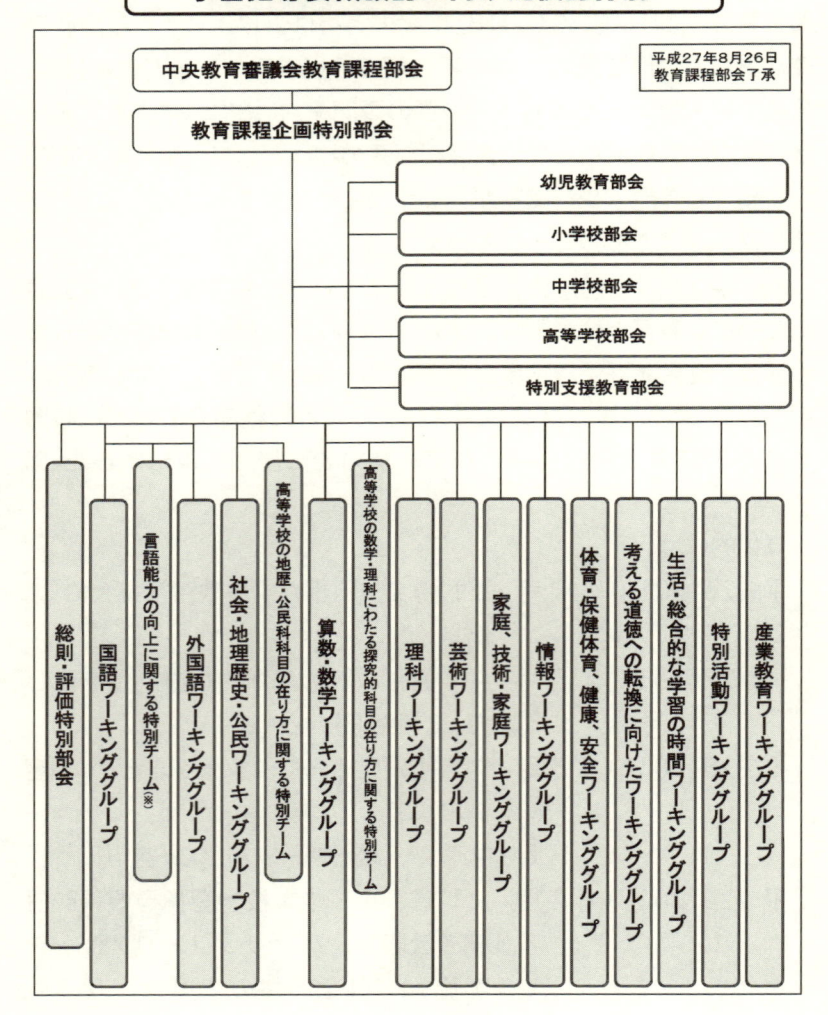

学習指導要領改訂に向けた検討体制

中央教育審議会教育課程部会

教育課程企画特別部会

平成27年8月26日
教育課程部会了承

- 幼児教育部会
- 小学校部会
- 中学校部会
- 高等学校部会
- 特別支援教育部会

ワーキンググループ：
- 総則・評価特別部会
- 国語ワーキンググループ
- 言語能力の向上に関する特別チーム（※）
- 外国語ワーキンググループ
- 社会・地理歴史・公民ワーキンググループ
- 高等学校の地歴・公民科目の在り方に関する特別チーム
- 高等学校の数学・理科にわたる探究的科目の在り方に関する特別チーム
- 算数・数学ワーキンググループ
- 理科ワーキンググループ
- 芸術ワーキンググループ
- 家庭、技術・家庭ワーキンググループ
- 情報ワーキンググループ
- 体育・保健体育、健康、安全ワーキンググループ
- 考える道徳への転換に向けたワーキンググループ
- 生活・総合的な学習の時間ワーキンググループ
- 特別活動ワーキンググループ
- 産業教育ワーキンググループ

図8　学習指導要領改訂に向けた検討体制

というプロセスを経ました。

　中教審教育課程部会は、教育学の研究者や教科教育の専門家、多様な分野の研究者、学校教育や経済界、NPO、メディア関係者などさまざまな委員で構成されており、440時間を超える審議は、このような委員のそれぞれの専門性が交差する場となっています(図

中央教育審議会初等中等教育分科会教育課程部会
教育課程企画特別部会　委員名簿

（平成２７年２月）

（敬称略・五十音順）

（◎：主査、○：主査代理）

○天　笠　　　茂	千葉大学特任教授
荒　瀬　克　己	大谷大学文学部教授
池　野　範　男	広島大学大学院教育学研究科教授
市　川　伸　一	東京大学大学院教育学研究科教授
今　村　久　美	認定特定非営利活動法人カタリバ代表理事
上　田　正　仁	東京大学大学院理学系研究科教授
小　川　聖　子	行田市立南河原小学校長
門　川　大　作	京都市長
神　長　美津子	國學院大學人間開発学部教授
ロバート キャンベル	東京大学大学院総合文化研究科教授
齋藤ウィリアム浩幸	株式会社インテカー代表取締役社長
品　川　裕　香	教育ジャーナリスト
清　水　雅　己	埼玉県立川越工業高等学校長
高　木　展　郎	横浜国立大学名誉教授
奈　須　正　裕	上智大学総合人間科学部教授
平　川　理　恵	横浜市立中川西中学校長
廣　田　康　人	三菱商事株式会社代表取締役常務執行役員
牧　田　秀　昭	福井大学教育学部附属中学校副校長
松　川　禮　子	岐阜県教育委員会教育長
三　浦　浩　喜	福島大学副学長
◎無　藤　　　隆	白梅学園大学子ども学部教授兼子ども学研究科長
山　口　　　香	筑波大学体育系准教授
山　脇　晴　子	日本経済新聞社常務執行役員大阪本社副代表兼大阪本社代表室長
油　井　大三郎	東京女子大学現代教養学部特任教授
吉　井　研　作	上智大学特別招聘教授　言語教育研究センター長
渡　瀬　恵　一	玉川学園学園教学部長

図9　中教審教育課程企画特別部会委員名簿

9）。

　また、学習指導要領は10年にわたる全国の学校における教育課程の基準であることから、国民も高い関心を寄せています。そのため、政党、政府部内 (内閣官房日本経済再生総合事務局、経済産業省、外務省、財務省、金融庁など) や各種の団体 (教育関係団体、経済団体、業界団体など) からの要望は多く、パブリック・コメントにおいても他の案件に比べて多くの意見が寄せられました。文部科学省は、これらを教科等の縦の連続性と学年ごとの教科等を越えた横の整合性を踏まえながら、予算編成と同様、授業時数 (時間) という限られた資源のなかに収まるように整理します。

　平成20 (2008) 年改訂も同様ですが、平成29 (2017) 年の学習指導要領改訂のプロセスのなかで重視されている観点は三つです。

　第一は、我が国の教育界の強みとも言うべき教科教育研究の蓄積です。150年間にわたる教科教育研究の活用なくして、教育課程の改善・充実は実現しません。文部科学省の視学官・教科調査官や都道府県・市町村教育委員会の指導主事、各都道府県の教科教育研究会の関係者、教員養成大学・学部の教科教育担当教員など、国と地方、行政と大学等を通じて形成されている「政策共同体[21]」が、その主たる担い手です。

　第二は、「人にとって学びとは何か」といった認知や学習についての研究の進展です。児童・生徒の学びの質を高め、生涯にわたってより意味あるものにするためには、教育実践の積み重ねとともにこれらの研究成果を活用する必要があることは言うまでもありません。たとえば平成29 (2017) 年改訂においては、発達心理学、認知科学や言語心理学、脳生理学などの研究者が、専門的知見を中教審の審議に活かす観点から審議に参画しました。

　第三は、社会の構造的変化を動態的に受け止めることです。現在中堅として社会で活躍している40歳代は、今から40年前に公示さ

れた昭和52（1977）年改訂を踏まえた教育課程で教育を受けたことは第2章で述べたとおりです。学習指導要領改訂が30〜40年後の社会を構想しながら行われることが求められるゆえんです。

　そのためには、社会の構造的変化のなかで、次代を見据えながら社会的価値を創出しているアクターの知見を審議に活かす必要があります。平成29（2017）年改訂の審議については、教育関係のNPO、働き方改革やキャリア教育をリードする企業の代表者などが審議に参加しました。

　具体的な例として、平成29（2017）年改訂において導入された小学校段階のプログラミング教育についての議論を振り返ってみましょう。平成28（2016）年4月にGoogle傘下のDeepMind社のAI・Alfa-GOが囲碁の世界チャンピオンに勝ったことは社会に大きなインパクトを与えました。そのため、同年5月に中教審の審議の参考とするために、文部科学省は、省内に「小学校段階における論理的思考力や創造性、問題解決能力等の育成とプログラミング教育に関する有識者会議」を立ち上げ、集中的な審議を経て6月16日にまとめられた報告書の内容は、8月の中教審教育課程部会の「審議のまとめ」に反映されました。この有識者会議には、①教科教育の専門家や教育関係者、②AI、認知や学習についての研究者、③プログラミング教育を実践する企業やNPOの代表といった社会の構造的変化のフロントランナーの方々が参加しました（**図10**）。

　小学校段階のプログラミング教育については、社会においても、有識者会議の委員の間においてもさまざまな意見がありましたが、有識者会議での議論の結果、

(1)　AIの飛躍的進化のなかで、児童・生徒にとってアルゴリズムの理解が必須、

(2)　算数における四則演算の筆算や文章題などもアルゴリズムの理解のうえで重要な学びだが、今後さらに必要なのは、知的な段取

り力とも言うべき「プログラミング的思考」の自覚的な育成、

(3) そのためには、小学校段階においては、プログラミング言語の習得を目的とした新たな教科等を設けるのではなく、プログラミング体験や理科での観察・実験、学校行事など各教科等で行われる学習活動にプログラミング的思考の育成という目的を共有させるためのカリキュラム・マネジメントが不可欠、

(4) これらの学習活動を通して、児童・生徒が情報機器は「魔法の箱」

**小学校段階における論理的思考力や創造性、問題解決能力等の育成と
プログラミング教育に関する有識者会議委員**

天笠 茂	千葉大学教育学部特任教授	
新井 紀子	国立情報学研究所教授	
伊佐山 元	株式会社 WiL 共同創業者 CEO	
石戸 奈々子	NPO 法人 CANVAS 理事長	
礒津 政明	株式会社ソニー・グローバルエデュケーション代表取締役社長	
上野 朝大	株式会社 CA Tech Kids 代表取締役社長	
小川 雅裕	横浜市立戸部小学校主幹教諭	
兼宗 進	大阪電気通信大学工学部教授	
清水 静海	帝京大学教育学部教授	
隅井 淳一	ヤマハ株式会社事業開発部 SES 事業推進グループ企画担当次長	
利根川 裕太	一般社団法人みんなのコード代表理事	
中川 哲	日本マイクロソフト株式会社業務執行役員シニアディレクター エンタープライズ事業改革担当兼文教戦略担当	
中下 美華	京都市立桂徳小学校教頭	
奈須 正裕	上智大学総合人間科学部教授	
堀田 龍也	東北大学大学院情報科学研究科教授	
無藤 隆	白梅学園大学子ども学部教授兼子ども学研究科長	

(五十音順・敬称略)

図10 プログラミング教育に関する有識者会議委員

ではなく、人間が与える目的に従って人間の意思で作動しており、人間が自らの意思を伝える手法がプログラミングであるという構造をより深く理解することが重要、

という認識が共有されました[22]。

その結果、平成29（2017）年改訂においては、総合的な学習の時間、算数（正多角形の作図等）、理科（電気の性質と働き等）といった小学校の各教科等でプログラミング的思考の育成に取り組むこととなりました。このように、社会の構造的な変化のなか、さまざまな考え方の違いをメタレベルの構造のなかに位置づけて整理（たとえば、プログラミング教育の目的は「プログラミング的思考」の育成であるとの共通認識のうえで、各委員の考えの異同を整理し、大きな共通認識を形成すること）し、より広い土俵（まさに第1章で触れた議論の「土俵」です）のなかで形成された合意の積み重ねが中央教育審議会答申であり、学習指導要領です。

その改訂のプロセスは、当代随一の有識者の知見が交差し、次代を担う子供たちに必要な学びについての共通認識が形成されてゆくという、ワクワクするものです（興味のある方は、文部科学省のホームページで議事録などが公表されているのでご覧ください）。第5章で触れるように、これからの学校や教師にはこれまで以上に学習指導要領を「使いこなす」という感覚と実践が求められますが、それは各分野の第一線の研究者や実践家、有識者の知見を活用することにほかなりません。

●平成29（2017）年改訂の基本的な考え方

これまで述べてきたとおり、平成29（2017）年改訂は、AIの飛躍的進化、Society5.0、第4次産業革命といった言葉が未来社会を語るキーワードとなり、「AIが進化して人間が活躍できる職業はな

くなるのではないか」「今学校で教えていることは、時代が変化したら通用しなくなるのではないか」といった社会的な議論のなかで行われました。第1章でも触れましたが、確かにこのような変化のなかで、私たちの生活を支えている経済の仕組みや民主政のあり方も変わるかもしれません。

しかし、学習指導要領改訂に関する議論のプロセスのなかで、新井紀子先生や「ディープラーニング革命」をリードしている東京大学教授の松尾豊先生からは、ディープラーニング革命によりAIは自ら概念を軸に情報を構造的に捉え、思考できるようになったと言っても、AI研究は本質的にアルゴリズム、数式を使った証明、数学そのものであり、まさに学校で日々教えられている算数・数学の学びの延長にほかならないと指摘されました。

また、AIは問われたことに対して膨大なデータの蓄積をもとに確率の高い答えを出していきますが、情報の意味を理解しているわけではないことも強調されました。自動翻訳は、天気予報と同じで、過去の膨大な天気図のデータを踏まえ、「こういう天気図のときには明日は確率上、このような天気になることが予測できます」という確率の話をしているにすぎません。AIは、明確な定義とデータがある状況のもとでは抜群の威力を発揮しますが、逆にデータがなく曖昧な環境下では「解なし」と答えざるを得なくなります。

目の前の子供たちは、AIが「解なし」と答えたときにその力を発揮しなければなりません。しかし、それは超人的な力ではありません。情報の意味をしっかり理解して考えて対話したり、曖昧でデータがない状況においても他者と協働して判断したりできることこそ「人間としての強み」です。具体的には、

- 教科書や新聞、新書などの内容を頭でベン図を描きながら構造的に正確に読み取る力
- 歴史的事象を因果関係で捉えるとか、比較・関連づけといった

科学的に探究する方法を用いて考えるといった教科固有の見方・考え方を働かせて、教科の文脈上重要な概念を軸に知識を体系的に理解し、考え表現する力
● 対話や協働を通じ新しい解や「納得解」を生みだそうとする力

であり、これらは、すべて我が国の学校教育が長い間大事にしてきた資質・能力にほかなりません。

だからこそ、新井紀子先生も松尾豊先生もAIの飛躍的進化のなかで、我が国の学校教育は「浮き足立つ必要はない」と指摘しました。

もちろん、「浮き足立つ必要はない」からと言って、我が国の学校教育がけっして今のままで変わらなくてよいというわけではありません。我が国の学校教育における蓄積を活かして、子供たちの力を引き出すためには、以下三点にわたるような学校や子供たちをめぐる状況の変化に対応して変わることが求められています。

第一は、目の前の子供たちの未来社会における働き方は間違いなく変わり、人間としての強みを活かす仕事、たとえば、子供たちと向き合い、学びに向かう心に火を灯してやる気にさせたり、ケアしたりするといった教師のような仕事はますます重要になることです。ホワイトカラー、たとえば私のような公務員の仕事で言えば、過去の膨大な先例に照らして一人部屋にこもって文章を書くといった仕事はAIが代替する可能性が高い一方で、傾聴と対話、協働を通じて、他人の頭のなかにある知識やアイディアを活かしてでも、新しい解や「納得解」を生み出す仕事は、人間としての強みを活かす大事な仕事として残るでしょう。

したがって、前述のような我が国の学校教育が大事にしてきた資質・能力を引き出し、はぐくむことに真正面から全力投球するように変わらなくてはなりません。

このように、対話や協働を重視した教育活動がますます重要になっていますが、少子化と過疎化のなかで、我が国の学校のなかに

は著しい小規模化が進んでいるところも少なくない一方で、一町村一中学校一小学校という、これ以上学校統廃合を行うことができない自治体も232団体（基礎自治体に占める割合は13.3％）になっています。第6章で述べるように、学校のあり方を検討しなければならなくなっているゆえんです。

　第二は、子供たちや学校を取り巻く社会的な環境の激変は、我々の予測を越えた規模とスピードで生じており、たとえば情報環境や家庭環境が変化し、大人ですら本来ツールである情報端末に振り回されているなか、子供たちの語彙や読解力にバラツキ[23]が生じたり、小学生の暴力行為が急増[24]したりしていることです。

　語彙は大人同士の会話を聞いたり、大人と対話することにより習得しますが、家族での会食中もそれぞれがスマートフォンを操作していて会話がないといったこれまででは考えられない状況が生じるなかで、子供たちに語彙の差が生じ、語彙の差が学力差になってその学力差がなかなか縮まらないという現象が生じていると指摘されています。

　小学校の暴力行為の急増はまだ十分に背景が分析されていませんが、小学校の先生方にお聞きすると、「自分の感情をコントロールできない子供たちが増えたが、それは自分の感情を言葉で表現できないからではないか」との指摘が多くありました。また、新聞を定期購読していない世帯も増加し、情報のやりとりがＳＮＳ中心になると、文章や情報を構造的に丁寧に読む経験が乏しくなっていることも事実です。子供たちは語彙を知っているという前提で授業するのではなく、語彙の習得やその活用を重視することが求められています。

　第三は、急速に進む教師の代替わりのなかで、これまでの我が国の学校教育の蓄積を若い世代の教師にしっかり伝え、発展させるこ

とが求められていることです。戦後、ベビーブーマーの入学・進学のたびに教師の大量採用が行われたため、現在、我が国の学校の教師の年齢構成は、ベテランと若い方々が多くミドル層が手薄という、組織としては不健全な「ふたコブ状態」にあります。

第6章で述べるとおり、これを解消し年齢構成の平準化を図るためには思い切った教員免許制度の改善と都道府県・政令市教育委員会の人事計画の見直しが必要になっていますが、学習指導要領や教科書において、これまで以上に我が国の教科教育の蓄積を可視化し、若い世代の教師にしっかりと伝える工夫が必要です。

58～59頁で示した資質・能力は社会の構造的変化のなかでますます大事になってきていますが、これらの力をはぐくむための構造は、すでに我が国の教科教育のなかにしっかり組み込まれています。また、「書くことは考えること」という指導、「学び合い」「教え合い」の学校文化、教科教育研究や授業研究などは、我が国の学校教育の大事な財産です。これらの蓄積を、「知識・技能」「思考力・判断力・表現力等」「学びに向かう力・人間性等」という構造で可視化したのが、今回の学習指導要領改訂です。

●平成29(2017)年改訂の4点のポイント

このような我が国の学校教育のよさや蓄積を引き出し、共有する観点から、平成29(2017)年改訂は次の4点をポイントに組み立てられています。

ポイント1

第一は、今触れたとおり、各教科の教育内容を維持しつつ、教科等を、①知識及び技能、②思考力、判断力、表現力等、③学びに向かう力、人間性等、の三つの柱で再整理したことです。

具体的には、以下のとおり、総則においてこの①～③の三つの柱

を明記し、各教科等の目標もこの三つの柱を踏まえて整理しました。また、各教科等の内容は、体育（保健体育）を除き、①知識及び技能、②思考力、判断力、表現力等で規定しています（体育〈保健体育〉は、「体づくり運動」や「器械運動」といった内容についても、それぞれ①〜③の３つの柱で整理しています。以下、下線は筆者。波線部は筆者注）。

小学校学習指導要領

第１章　総則

　第１　小学校教育の基本と教育課程の役割

　　３　２の(1)から(3)までに掲げる事項の実現を図り、豊かな創造性を備え持続可能な社会の創り手となることが期待される児童に、生きる力を育むことを目指すに当たっては、学校教育全体並びに各教科、道徳科、外国語活動、総合的な学習の時間及び特別活動（以下「各教科等」という。…）の指導を通してどのような資質・能力の育成を目指すのかを明確にしながら、教育活動の充実を図るものとする。その際、児童の発達の段階や特性等を踏まえつつ、次に掲げることが偏りなく実現できるようにするものとする。

　　　(1)　知識及び技能が習得されるようにすること。

　　　(2)　思考力、判断力、表現力等を育成すること。

　　　(3)　学びに向かう力、人間性等を涵養すること。

第２章　各教科

第２節　社会

　第１　目標

　　社会的な見方・考え方を働かせ、課題を追究したり解決したりする活動を通して、グローバル化する国際社会に主体的に生きる

平和で民主的な国家及び社会の形成者に必要な公民としての資質・能力の基礎を次のとおり育成することを目指す。

(1)　地域や我が国の国土の地理的環境、現代社会の仕組みや働き、地域や我が国の歴史や伝統と文化を通して社会生活について理解するとともに、様々な資料や調査活動を通して情報を適切に調べまとめる技能を身に付けるようにする。

〔⇐知識及び技能〕

(2)　社会的事象の特色や相互の関連、意味を多角的に考えたり、社会に見られる課題を把握して、その解決に向けて社会への関わり方を選択・判断したりする力、考えたことや選択・判断したことを適切に表現する力を養う。

〔⇐思考力、判断力、表現力等〕

(3)　社会的事象について、よりよい社会を考え主体的に問題解決しようとする態度を養うとともに、多角的な思考や理解を通して、地域社会に対する誇りと愛情、地域社会の一員としての自覚、我が国の国土と歴史に対する愛情、我が国の将来を担う国民としての自覚、世界の国々の人々と共に生きていくことの大切さについての自覚などを養う。

〔⇐学びに向かう力、人間性等〕

第2　各学年の目標及び内容

〔第5学年〕

2　内容

(4)　我が国の産業と情報との関わりについて、学習の問題を追究・解決する活動を通して、次の事項を身に付けることができるよう指導する。

　ア　次のような知識及び技能を身に付けること。

〔⇐知識及び技能〕

　(ア)　放送、新聞などの産業は、国民生活に大きな影響を及ぼしていることを理解すること。

(イ)　<u>大量の情報や情報通信技術の活用</u>は、様々な産業を発展させ、国民生活を向上させていることを理解すること。

　　　(ウ)　聞き取り調査をしたり映像や新聞などの各種資料で<u>調べたりして、まとめること。</u>

　　イ　次のような<u>思考力、判断力、表現力等</u>を身に付けること。

　　　　　　　　　〔⇐思考力、判断力、表現力等〕

　　　(ア)　情報を集め発信するまでの工夫や努力などに着目して、<u>放送、新聞などの産業の様子を捉え、それらの産業が国民生活に果たす役割</u>を考え、表現すること。

　　　(イ)　情報の種類、情報の活用の仕方などに着目して、産業における情報活用の現状を捉え、<u>情報を生かして発展する産業が国民生活に果たす役割</u>を考え、表現すること。

　少し具体的に内容事項について見てみましょう。

　58頁のとおり、AIが「解なし」と言ったときに本領を発揮するためには、「教科書や新聞、新書などの内容を頭でベン図を描きながら構造的に正確に読み取る力」が求められています。我が国の国語教育においては、語彙を確実に習得のうえ、それを表現に活かしたりして言葉を使いこなす力を学ぶなかで、相手を思いやりながらその言葉を理解したり、相手が理解できるようにコミュニケーションを図ったりしようという態度を育成してきました。

　とくに平成29(2017)年改訂についての審議においては、中央教育審議会に「言語能力の向上に関する特別チーム」（主査：亀山郁夫名古屋外国語大学長、主査代理：ロバート・キャンベル東京大学教授）を置き、国語や外国語の議論に先立って言語能力について集中的な議論を行いました。**図11**は、国語の活動領域の「話すこと・聞くこと」「書くこと」「読むこと」に分けた議論をする前に、「テキスト（情報）の理解→文章や発話による表現」「認識から思考へ→思考から

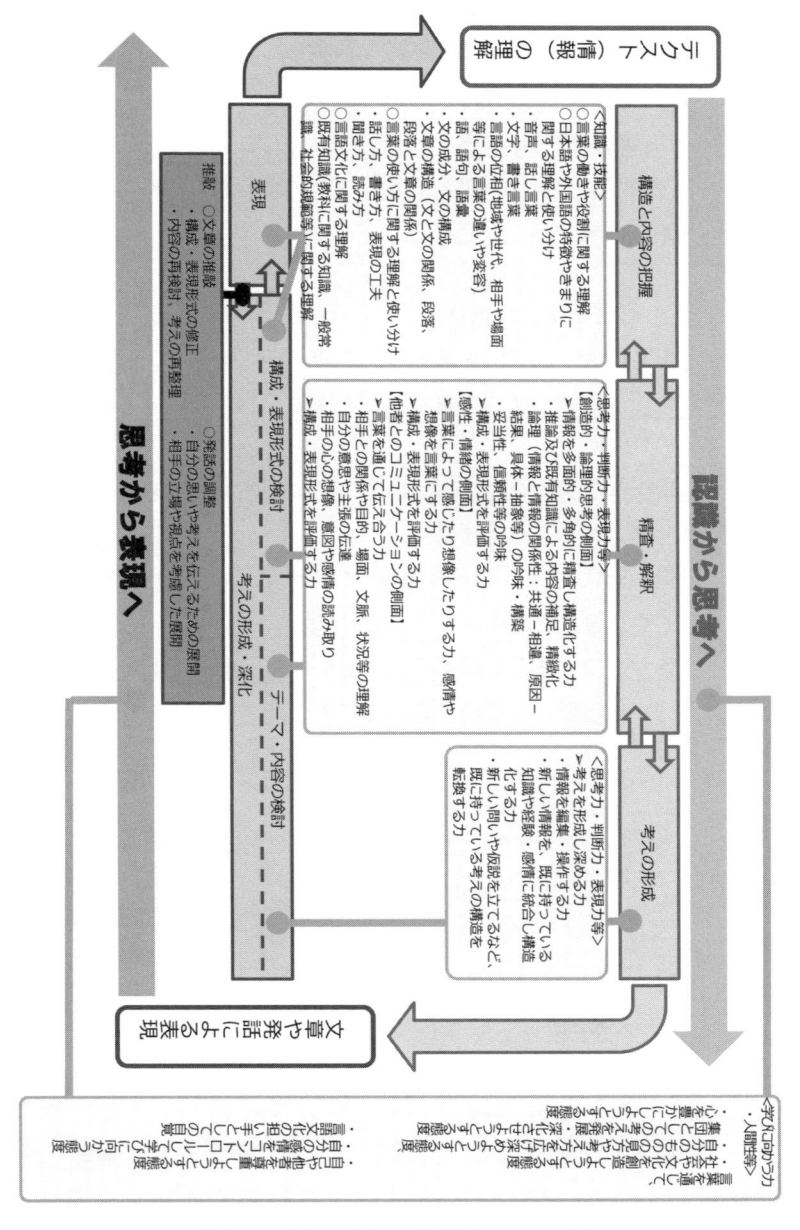

図11　言語能力を構成する資質・能力が働く過程のイメージ

表現へ」という社会生活における言語活動に沿って、言語に関してどのような「知識及び技能」「思考力、判断力、表現力等」「学びに向かう力、人間性等」が求められるかを整理したものです。

　我が国の国語教育の蓄積とこのような中教審における議論を踏まえ、学習指導要領において国語について三つの資質・能力というかたちで可視化しました。

【(小学校国語の「第1　目標」】

　言葉による見方・考え方を働かせ、言語活動を通して、国語で正確に理解し適切に表現する資質・能力を次のとおり育成することを目指す。

(1)　日常生活に必要な国語について、その特質を理解し適切に使うことができるようにする。　　　　　〔⇐知識及び技能〕

(2)　日常生活における人との関わりのなかで伝え合う力を高め、思考力や想像力を養う。　　〔⇐思考力、判断力、表現力等〕

(3)　言葉がもつよさを認識するとともに、言語感覚を養い、国語の大切さを自覚し、国語を尊重してその能力の向上を図る態度を養う。　　　〔⇐学びに向かう力、人間性等〕

　さらに、現在、情報環境や家庭環境など子供たちを取り巻く環境の変化のなかで、子供たちの間に語彙の差が生じていたり、SNS中心のコミュニケーションのなかで構造的な文章に接する場面が極端に減っていたりするなどの課題が生じていることを踏まえ、国語においては小学校低学年から、①小学校の低学年は身の回りの語彙、中学年は感情を表す語彙、高学年は思考に関する語彙をそれぞれ習得するなど発達の段階に応じた語彙の確実な習得(以下の各学年の(1)オ)、②意見と根拠、具体と抽象を押さえて考えるなど情報を正確に理解し適切に表現する力の育成(以下の各学年の(2))を国語科の「知識・技能」として確実に習得させるとともに、学習の基盤として

の各教科等における言語活動の充実を図っています。

【小学校国語の「第2　各学年の目標及び内容」の「2　内容」の〔知識及び技能〕】

(第1学年及び第2学年)

(1)オ　身近なことを表す語句の量を増し、語や文章の中で使うとともに、言葉には意味による語句のまとまりがあることに気付き、語彙を豊かにすること。

(2)ア　共通、相違、事柄の順序など情報と情報との関係について理解すること。

(第3学年及び第4学年)

(1)オ　様子や行動、気持ちや性格を表す語句の量を増し、話や文章の中で使うとともに、言葉には性質や役割による語句のまとまりがあることを理解し、語彙を豊かにすること。

(2)ア　考えとそれを支える理由や事例、全体と中心など情報と情報との関係について理解すること。

　　イ　比較や分類の仕方、必要な語句などの書き留め方、引用の仕方や出典の示し方、辞書や辞典の使い方を理解し使うこと。

(第5学年及び第6学年)

(1)オ　思考に関わる語句の量を増し、話や文章の中で使うとともに、語句と語句との関係、語句の構成や変化について理解し、語彙を豊かなにすること。また、語感や言葉の使い方に対する感覚を意識して、語や語句を使うこと。

(2)ア　原因と結果など情報と情報との関係について理解すること。

　　イ　情報と情報との関係付けの仕方、図などによる語句と語句との関係の表し方を理解し使うこと。

デジタル・ネイティブな子供たちは我々と全く違う言語環境のな

かで生きています。そのことによって子供たちができることはたくさんありますから、それを伸ばしていくこともたいへん大事ですが、他方で、語彙の確実な習得や情報を正確に理解し適切に表現する力の育成は、子供たちが深い思考をするための土台であり、社会的自立の基礎として重要だと思っています。

　次に、58 ～ 59頁の「歴史的事象を因果関係で捉えるとか、比較・関連づけといった科学的に探究する方法を用いて考えるといった教科固有の見方・考え方を働かせて、教科の文脈上重要な概念を軸に知識を体系的に理解し、考え表現する力」について見てみたいと思います。

　たとえば中学校の理科の単元「化学変化と物質の質量」では、質量保存の法則を理解するとともに、実験などを通じ、化学変化における物質の変化やその量的な関係を見出して表現する力を育成するなかで、物質は化学変化によって見た目は変化するが、その奥底に存在する構造や法則を押さえて考えることが科学的に思考することだという態度を身につけさせてきました。このことを学習指導要領において整理のうえ、規定しています。

【中学校理科の「第2　各分野の目標及び内容」の〔第1分野〕「2　内容」】
⑷　化学変化と原子・分子
　ア(ウ)化学変化と物質の質量　　　　　　〔⇐知識及び技能〕
　　⑦　化学変化と質量の保存
　　　　化学変化の前後における物質の質量を測定する実験を行い、反応物の質量の総和と生成物の質量の総和が等しいことを見いだして理解すること。
　　⑦　質量変化の規則性

化学変化に関係する物質の質量を測定する実験を行い、<u>反応</u><u>する物質の質量の間には一定の関係があることを見いだして理</u><u>解</u>すること。

イ　化学変化について、見通しをもって解決する方法を立案して観察、実験などを行い、<u>原子や分子と関連付けてその結果を分</u><u>析して解釈し、化学変化における物質の変化やその量的な関係</u><u>を見いだして表現</u>すること。　〔⇐思考力、判断力、表現力等〕

　小学校の社会科においては、「いい国つくろう鎌倉幕府」と年号と歴史的事象を記憶させてきただけではなくて、教師が「なぜ源頼朝は鎌倉に幕府を開いたのだろう」「平氏と源氏の武家政権としての違いは何だろう」などと子供たちに発問することにより、鎌倉幕府が開幕したことの中世における意味や他の武家政権との違いについて子供たちに考えさせ、「中世」や「幕府」「武家政権」といった概念を軸に知識を構造的に理解させてきました。そのことを学習指導要領においては次のように表しています。

【小学校社会の「第2　各学年の目標及び内容」〔第6学年〕「2　内容」】

(2)ア(エ)　源平の戦い、<u>鎌倉幕府の始まり</u>、元との戦いを手掛かりに、武士による政治が始まったことを理解すること。

〔⇐知識及び技能〕

イ　世の中の様子、人物の働きや代表的な文化遺産などに着目して、<u>我が国の歴史上の主な事象を捉え、我が国の歴史の展開を</u><u>考えるとともに、歴史を学ぶ意味を考え、表現</u>すること。

〔⇐思考力、判断力、表現力等〕

59頁の「対話や協働を通じ新しい解や『納得解』を生み出そうとする力」はどうでしょうか。この力は、「学び合い」「教え合い」の学校文化や各教科等における探究活動、特別活動などで重視してきたものであり、各教科等の目標や内容にその育成が盛り込まれています。同時に、平成29（2017）年改訂で学習指導要領に初めて「前文」が設けられ、その前文に以下のような文章が盛り込まれました。

前文

　これからの学校には、こうした教育の目的及び目標の達成を目指しつつ、一人一人の児童が、<u>自分のよさや可能性を認識するとともに、あらゆる他者を価値のある存在として尊重し、多様な人々と協働しながら様々な社会的変化を乗り越え、豊かな人生を切り拓き、持続可能な社会の創り手と</u>なることができるようにすることが求められる。このために必要な教育の在り方を具体化するのが、各学校において教育の内容等を組織的かつ計画的に組み立てた教育課程である。

　教育課程を通して、これからの時代に求められる教育を実現していくためには、<u>よりよい学校教育を通してよりよい社会を創るという理念を学校と社会とが共有</u>し、それぞれの学校において、<u>必要な学習内容をどのように学び、どのような資質・能力を身に付けられるようにするのかを教育課程において明確</u>にしながら、<u>社会との連携及び協働</u>によりその実現を図っていくという、<u>社会に開かれた教育課程</u>の実現が重要となる。

　「自分のよさや可能性を認識するとともに、あらゆる他者を価値のある存在として尊重し、多様な人々と協働しながら様々な社会的変化を乗り越え、豊かな人生を切り拓き、持続可能な社会の創り手となる」――この規定は、我が国の学校教育の蓄積を活かしながら、子供たちが対話と協働を重ね、正解というよりは「納得解」を形成し

ようとする力を育むことを明確にしており、持続可能な開発目標 (SDGs) といった国際的な潮流を展望しています。

　ただし、このような教育の重視は、ときにすでにある正解を導くことのみが学校教育の役割だと考える方々からなかなか理解を得られないこともあるでしょう (「社会や理科、数学の授業で子供たちが議論していましたが、あれで学力がつくのでしょうか？」)。戦後の経験主義的な教育が「はいまわる経験主義だ」「学力低下を招いた」と批判されたことに思いを致すと、未来社会を切り拓くためにはどのような資質・能力が必要で、そのためにはいかなる教育活動が必要かについての社会との認識の共有が不可欠です。同じく前文に「教育課程を通じて、これからの時代に求められる教育を実現していくためには、よりよい学校教育を通じてよりよい社会を創るという理念を学校と社会が共有」する「社会に開かれた教育課程」の実現が重要と規定されたゆえんです (社会に開かれた教育課程については、78頁で改めて触れたいと思います)。

　このような各教科等において育んできた資質・能力の構造を可視化・明確化したのが、平成29 (2017) 年改訂です。教科等の内容を「知識・技能」「思考力・判断力・表現力等」「学びに向かう力・人間性等」に再構成した今回の改訂は、OECD Education 2030 Learning FrameworkにおけるKnowledge、Skills、Attitudes & Valuesという資質・能力の構造に影響を与えるなど、日本発の国際的なスタンダートとなっています。

ポイント2

　第二は、「主体的・対話的で深い学び」の観点から、これまでの教育実践の蓄積を踏まえて授業を見直し、改善することを学習指導要領に位置づけたことです。総則において主体的・対話的で深い学びの実現に向けた授業改善が規定されるとともに、各教科の「指導計

画の作成と内容の取扱い」においてそれぞれの教科の主体的・対話的で深い学びの実現のためのポイントが記載されています。

小学校学習指導要領

第1章　総則

　第3　教育課程の実施と学習評価

　　1　主体的・対話的で深い学びの実現に向けた授業改善

　　　各教科等の指導に当たっては、次の事項に配慮するものとする。

　　(1)　第1の3の(1)から(3)までに示すこと (＝62頁の3つの柱の資質・能力の育成　※筆者注) が偏りなく実現されるよう、単元や題材など内容や時間のまとまりを見通しながら、児童の主体的・対話的で深い学びの実現に向けた授業改善を行うこと。

　　　　特に、各教科等において身に付けた知識及び技能を活用したり、思考力、判断力、表現力等や学びに向かう力、人間性等を発揮させたりして、学習の対象となる物事を捉え思考することにより、各教科等の特質に応じた物事を捉える視点や考え方(以下「見方・考え方」という。)が鍛えられていくことに留意し、児童が各教科等の特質に応じた見方・考え方を働かせながら、知識を相互に関連付けてより深く理解したり、情報を精査して考えを形成したり、問題を見いだして解決策を考えたり、思いや考えを基に創造したりすることに向かう過程を重視した学習の充実を図ること。

第2章　各教科

　第2節　社会

　　第3　指導計画の作成と内容の取扱い

> 1　指導計画の作成に当たっては、次の事項に配慮するものと
> する。
> (1)　単元など内容や時間のまとまりを見通して、その中で育
> む資質・能力の育成に向けて、児童の主体的・対話的で深
> い学びの実現を図るようにすること。その際、問題解決へ
> の見通しをもつこと、社会的事象の見方・考え方を働かせ、
> 事象の特色や意味などを考え概念などに関する知識を獲得
> すること、学習の過程や成果を振り返り学んだことを活用
> することなど、学習の問題を追究・解決する活動の充実を
> 図ること。〔⇐その教科の主体的・対話的で深い学びの実
> 現のためのポイント〕

「主体的・対話的で深い学び」については、小・中学校においてこれまでと全く異なる指導方法を導入すること自体を目的化して浮き足立つのではなく、語彙を表現に活かす、社会的事象について資料に基づき考える、日常生活の文脈で数学を活用する、観察・実験を通じて科学的な根拠をもって思考するといったこれまでの教育実践の蓄積を若手の教師にもしっかりと引き継ぎつつ、授業を工夫・改善することを求めるものです。

　授業改善の視点としての「主体的・対話的で深い学び」は優れた教育実践の普遍的な要素です。いわば当たり前のことですが、教師の代替わりが急速に進むなかこの当たり前のことを確実に引き継ぎ、発展させることが我が国の教育界にとって大きな課題であり、平成29 (2017) 年改訂はその対応を重視しています。「主体的・対話的で深い学び」については、第4章で改めて触れたいと思います。

ポイント3

　第三は、カリキュラム・マネジメントの確立を学習指導要領に位置づけたことです。学校におけるマネジメントとは、ヒト・モノ・

カネ・時間・教育内容といった資源を成果の最大化のために再配分することですが、学校全体として、教育課程について、①教科等横断的な視点を踏まえた教育内容や時間の適切な配分、②実施状況の評価に基づく改善（PDCAサイクルの確立）、③必要な人的・物的体制（ヒト、モノ、カネ）の確保と配分といった「カリキュラム・マネジメント」を確立することが重要であり、この点を明記しました。とくに、今回はこの①の意味でのカリキュラム・マネジメントを重視しています。

> 小学校学習指導要領
> 第1章　総則
> 　第1　小学校教育の基本と教育課程の役割
> 　　4　各学校においては、<u>児童や学校、地域の実態を適切に把握し、教育の目的や目標の実現に必要な教育の内容等を教科等横断的な視点で組み立てていくこと</u>、<u>教育課程の実施状況を評価してその改善を図っていくこと</u>、<u>教育課程の実施に必要な人的又は物的な体制を確保するとともにその改善を図っていく</u>ことなどを通して、教育課程に基づき組織的かつ計画的に各学校の教育活動の質の向上を図っていくこと（以下「<u>カリキュラム・マネジメント</u>」という。）に努めるものとする。

　さらに、平成29（2017）年改訂においては、①の意味でのカリキュラム・マネジメントの大きなポイントである教科等横断的な学習についても規定しました。

> 小学校学習指導要領
> 第1章　総則
> 　第2　教育課程の編成
> 　　2　教科等横断的な視点に立った資質・能力の育成

(1)　各学校においては、児童の発達の段階を考慮し、<u>言語能力、情報活用能力（情報モラルを含む。）、問題発見・解決能力等の学習の基盤となる資質・能力を育成していくこと</u>ができるよう、各教科等の特質を生かし、<u>教科等横断的な視点から教育課程の編成を図るものとする。</u>

(2)　各学校においては、児童や学校、地域の実態及び児童の発達の段階を考慮し、<u>豊かな人生の実現や災害等を乗り越えて次代の社会を形成することに向けた現代的な諸課題に対応して求められる資質・能力を、教科等横断的な視点で育成</u>していくことができるよう、各学校の特色を生かした教育課程の編成を図るものとする。

　(1)の情報活用能力については、体験活動を通して生命の有限性や他者との協働の重要性の認識を深めたり、道徳科等で情報モラルについての指導を充実したりするとともに、コンピュータ等を活用した学習活動の充実、小学校段階におけるコンピュータでの文字入力等の習得やプログラミング的思考の育成を図ることとしています。

　とくに、プログラミング的思考の育成については、55頁で触れたような中教審等における審議のプロセスを経て、小学校において総合的な学習の時間、算数科（正多角形の作図等）や理科（電気の性質や働き等）といった各教科等で取り組み、中学校では技術・家庭科のプログラミングに関する学習を充実しています。

　小学校段階におけるプログラミング教育は、プログラミング言語を習得するものではなく、AIやコンピュータに対して人間の意思を伝えるのがプログラミングであるという構造を理解したり、アルゴリズムにつながる知的な段取り力を身につけたりするといった「プログラミング的思考」を学ぶものであることはすでに述べたとおりです。

⑵では、現代的な諸課題に対応するために求められる資質・能力を教科等横断的な視点で育成することの重視を規定しています。たとえば、主権者として求められる資質・能力の育成については、発達の段階を踏まえた一貫した指導を行うことができるよう、市区町村による公共施設の整備や租税の役割の理解、国民としての政治へのかかわり方についての考察(小学校社会)、民主政治の推進と公正な世論の形成や国民の政治参加との関連についての考察(中学校社会)、主体的な学級活動、児童会・生徒会活動(特別活動)などを内容事項として盛り込み、教科等横断的な学習の充実を目指しています。

　また、社会の構造的変化への対応という観点からは、中学校社会において、たとえば、少子高齢社会における社会保障の意義、仕事と生活の調和と労働保護立法、情報化や人工知能の急速な進化などによる産業等の構造的な変化、起業やそれを支える金融などの働き、国連における持続可能な開発のための取り組み(SDGs)などを新たに規定し、これらに関する指導の充実を図っています。

　また、令和4(2022)年4月から実施されることになった成年年齢の引き下げも視野に、消費者教育の観点から、売買契約の基礎(小学校家庭)、計画的な金銭管理や消費者被害への対応、クレジットなど三者間契約(中学校技術・家庭)に関する指導も充実しています。

　このような社会の構造的な変化を踏まえた現代的な課題に対応した学習が次から次へと積み重なるので、教育課程が窮屈になっているとの指摘もあります。しかし、平成29(2017)年改訂で規定された教科横断的な視点に立った資質・能力の育成は、これらの現代的課題に関する内容は多くの場合すでに各教科等において位置づけられており、いわゆる「○○教育」と呼ばれる現代的課題に関する指導は、改めて時間をとったり別途指導したりしなくても、これらの内容を相互に関連づけながら指導することにより、しっかりと実施で

きることを示しています。

　たとえば、「主権者教育」で言えば、新たに時間を設けて特別の指導をしなければと浮き足立つ前に、各教科等の内容という足元をみれば、「市区町村による公共施設の整備や租税の役割の理解」「民主政治の推進と公正な世論の形成や国民の政治参加との関連についての考察」「主体的な学級活動」「児童会・生徒会活動」などがすでに位置づけられています。これらの内容を、自分事として自立して考え社会的な合意形成に参画するための資質・能力をはぐくむという主権者教育としての共通の目標を踏まえ、相互に関連づけて指導することこそ、まさに「教育の目的や目標の実現に必要な教育の内容等を教科等横断的な視点で組み立てていく」カリキュラム・マネジメントにほかなりません。

　だからこそ、平成29（2017）年改訂の学習指導要領解説（総則編）において、「伝統や文化に関する教育」「主権者に関する教育」「消費者に関する教育」「法に関する教育」「知的財産に関する教育」「郷土や地域に関する教育」「海洋に関する教育」「環境に関する教育」「放射線に関する教育」「生命の尊重に関する教育」「心身の健康の保持増進に関する教育」「食に関する教育」「防災を含む安全に関する教育」と13分野にわたって、それぞれの分野ごとに各教科等にどのような内容事項が位置づけられているかの一覧表をつけました。学校における教育課程編成の参考としてだけではなく、地域や保護者など社会に対して「〇〇教育」をしっかり行っていることを発信するための素材として活用していただきたいという思いを込めています。

　相互に関連づけて指導するとは、どういうことでしょうか。たとえば平成29（2017）年改訂により中学校社会で初めて「起業」を扱うことになりました。起業を教えるとなると、これまで家計のお金を預貯金するところだと思われていた銀行などの「金融機関」は、アイディアをもって新しいビジネスを興そうとする人を支えるという役

割を持っていることをより具体的に説明することができます。さらに、「効率」と「公正」といった軸に着目しながら捉えると、これまでの個人や企業の取り組みを受け継ぎつつ、新たな形態の起業が「市場の拡大や多様化」を促し、「新たな雇用を創出」するといった多面的・多角的な考察につながります。また、金融機関が新しいビジネスを支えるに当たっては、資金の流れや企業の経営の状況などを表す「企業会計」が重要であり、会計情報の提供や活用により、公正な環境のもとでの法令等に則った財やサービスの創造が確保されていることを知ることができます。このようにそれぞれの内容事項は相互に関連し合っているので、必要に応じ教科等を越えて関連づけて指導することが効果的であり、教師が教育内容を相互に関連づけてより深く理解し指導することは、子供たちの深い学びにとって重要だと考えています。

　このように、カリキュラム・マネジメントは、主権者教育や消費者教育など現代的な諸課題に対応するための指導はすでに行っていること、それらを相互に関連づけて教育効果を高める工夫をしていることを地域や保護者をはじめとする社会に対して発信し、理解を得るためにも重要な考え方だと申せましょう。

ポイント4

　第四は、「社会に開かれた教育課程」という理念を明確に位置づけたことです。

前文

　教育課程を通して、これからの時代に求められる教育を実現していくためには、よりよい学校教育を通してよりよい社会を創るという理念を学校と社会とが共有し、それぞれの学校において、必要な学習内容をどのように学び、どのような資質・能力を身に付けられるようにするのかを教育課程において明確にしながら、社会との連

第1章で触れたように、未来社会はあらかじめ用意されている、すでに「ある」ものではありません。目の前の子供たちが「創る」ものです。そして、教育は教師をはじめとする大人が子供たちに働きかけることにより未来社会の創造を手助けする営為ですから、未来社会がこうだから子供たちにはこんな教育をしなければならないという受け身の発想ではなく、創造や公正、尊厳といった価値で支えられた未来社会を切り拓くために必要な資質・能力を育むことが求められています。

そのため、平成29（2017）年改訂は、これまで述べてきた3つのポイントにより我が国の学校教育の蓄積を可視化し、教師の間で共有してさらに進化させること重視しています。今の社会に必要な知識を教えるだけではなく、次代を切り拓く力をはぐくみ、教育が社会をリードすることが求められているなかで、学校と社会との連携はますます重要になっています。

もちろん、学校外の関係者と連携し、そのリソースを活用しながら学校教育活動を充実することはこれまでも行われてきました。私自身、6年間公立小・中学校でPTA会長を務めるなかで、我が国の学校は、明治以来「官立」というよりも「地域立」という性格が強かったことを実感しています。そのことの重要性は、コミュニティ・スクールの推進などを図るなかで改めてしっかり認識する必要があると思います。それに加えて、今回の社会に開かれた教育課程は、学校ではぐくむべき資質・能力とは何かを社会と共有することを重視しています。たとえば、京都市立御所南小学校におうかがいしたり、NPO法人まちと学校のみらいの竹原和泉代表理事から横浜市立東山田中学校区の取り組みについてお聞きしたりしますと、学校と地域、保護者との間で、これからの子どもたちにどんな力が必要かに

ついての共通認識が形成されていることがよく分かります。

　平成29(2017)年改訂においては、各教科等ではぐくむべき資質・能力の大枠を示しました。それをもとに、それぞれの学校において、地域や子どもたちの状況に応じて、学校として育成する資質・能力を明確にし、社会と共有することを重視したのが、社会に開かれた教育課程です。

　社会に開かれた教育課程といった場合、地域や保護者の方々が重要なパートナーであることはもちろんですが、社会の構造的変化のなかでその範囲は広がっています。今、時代の歯車を回し社会を牽引しているのは、大企業や霞が関の組織人よりも、NPOを立ち上げたり、起業したりしている多くの若手です。社会的な価値創出の現場では、これまででは考えられないような地殻変動が起こっています。組織や肩書きのみにとらわれるのではなく、先生方ご自身の目で、どういう人がどんな力を持っていて、学校での学びを活かしてどんな価値を生み出しているのかを見極め、連携していくことも必要だと思います。プログラミング教育などはその典型ではないでしょうか。

　また、我が国の学校教育の質は高いので、社会からの要求水準も高いです。先生方が各教室で授業に全力投球できるようにするためには、社会からの要請を解きほぐしながら伝えたり、逆に自校の優れた実践を社会に発信したりするといった教育委員会や校長の役割が大きいと思います。教育長や校長などの管理職は学校経営についてのビジョンをご自身の言葉で地域や保護者、新たなパートナーに説明することが求められています。どんな角度からの指摘にも一貫して対話できる構想力にとって、社会に開かれた教育課程は重要な道具立てです。

〈注〉

20　中央教育審議会教育課程部会に設置されている教育課程企画特別部会、小学校部会、国語ワーキンググループなど23に及ぶ会議体が総計200回以上の会議を行った。

21　青木栄一『地方分権と教育行政』（勁草書房、2013年）は、「カリキュラムに関しては…『プロフェッション』同士の関係が政府間を通じて形成されている可能性」があるとしており、このプロフェッションの専門性の基盤が教科教育研究である。

22　文部科学省・小学校段階における論理的思考力や創造性、問題解決能力等の育成とプログラミング教育に関する有識者会議「小学校段階におけるプログラミング教育の在り方について（議論の取りまとめ）」（平成28〈2016〉年6月16日）

23　新井紀子『AIvs.教科書が読めない子どもたち』東洋経済新報社、2018年。

24　文部科学省の「児童生徒の問題行動・不登校等生徒指導上の諸課題に関する調査」は、小学校における児童1,000人当たりの暴力行為の発生件数は、2012年の1.2件から、2013年は1.6件、2014年は1.7件、2015年は2.6件、2016年は3.5件、2017年は4.4件となっている。これについて、自由民主党教育再生実行本部第12次提言（令和元〈2019〉年5月14日）において、松野博一元文部科学大臣（同本部次世代の学校指導体制実現部会主査）は、PISA2018について「これまで我が国は高い成果を上げてきたが、参加各国も改善を目指して鋭意努力を重ねてスコア向上を図る中、我が国はこれまでの世界トップレベルのスコアから、今後、低落傾向になりかねないのではないかとの危機感」があり、引き続き学校における指導体制について総合的に議論を深める旨のコメントを公表した。https://www.jimin.jp/news/policy/139621.html

25　生まれたとき、または物心がつく頃には、インターネットやパソコン、スマートフォンなどが普及していた環境で育った世代。

26　経済協力開発機構（OECD）は、教育の質的転換が加盟国各国の共通した課題となっている現状を踏まえ、学びについての基本的なフレームワークを形づくり、各国の教育改革を支えるためのプロジェクトEducation 2030を進めており、2018年2月にポジション・ペーパーを公表した。
（http://www.oecd.org/education/OECD-Education-2030-Position-Paper_Japanese.pdf）

拝啓　秋めいてまいりました。いかがお過ごしでしょうか。月の清けさがきわまる季節。その月を目指してソ連と鎬を削っていた頃のアメリカを描いた二つの映画は、私にとってとくに印象深いものです。NASAの研究所に計算手として採用された黒人女性の苦闘と活躍を描く「ドリーム」（2016年）と、ウエスト・バージニアの炭鉱町のごく普通の高校生がロケットづくりで科学コンテストに参加したことをきっかけにNASAの技術者になる「遠い空の向こうに」（1999年）。この二つの映画は、志と能力があれば公正に可能性が開かれていることが、いかに若者や社会を成長させるかを鮮やかに描き出しています。

　可能性が公正に開かれていることは我が国社会の信頼の源泉で、最も大事な価値です。それを根底から掘り崩すような行為で、かつて宇宙開発も担当していた現職局長が逮捕・起訴されたことは組織の一員として慚愧に堪えず、心からお詫び申し上げます。文部科学省には、公正な社会の実現こそ自らの存在意義と心得て、子供たちの学びや生活を支えるために全力を尽くしている若手や職人気質のベテランが多くいます。今回の事件に憤り、組織として猛省のうえ、公正で謙虚な行政と緊張感あるガバナンスの確立に向けて全省的に取り組む※とともに、一つひとつの仕事に誠心誠意取り組むことでしか信頼回復の糸口を探すことはできないと思っています。歯を食いしばって公教育の黒衣としての役割を果たしてまいります。どうかご鞭撻ください。ご自愛の程を。　　　　　　　　　　　敬具

※2018年12月には、自発的意思により参画した若手中心の職員173名が、文部科学省の目指すべき姿や課題を議論し、省改革に向けた提案を取りまとめました（文部科学省未来検討タスクフォース報告）。文部科学省一体となって組織の再生にしっかり取り組み、信頼回復を図りたいと考えております。

拝啓　灯火親しむ季節となりました。いかがお過ごしでしょうか。読書したり、思索にふけったりするのにふさわしいこの清けきこの季節の霞が関では、8月末に提出した概算要求をめぐって財務省主計局との折衝が日々重ねられています。財務課長は初中教育関係の2兆円の予算のとりまとめを担当しているので、教職員定数、部活動指導員、スクールカウンセラー、英語教育、教科書、幼児教育、特別支援教育、高校改革といったテーマごとに、いかに子供たちのためになる効果的な予算にするかを連日主計局と議論しています。

　主計局に日参しながら、75年前、大日本育英会(現・日本学生支援機構)を創設した時もこうやって折衝したのかなと思うことがあります。当時の主計局の文部省担当主査は大平正芳※。後の大平総理です。大平総理は、国会議員になってから「大蔵省の役人というのは、職業柄、何をやるにしても、なるべく金をかけないように心懸ける本能をもっていた。このことは確かに一面、よいことには違いないが、多面、そのために中途半端なものが出来上がって、悔を後年に残す場面があったことは否めない」と述懐しています。霞ヶ関の予算折衝も結局は人と人との対話、信頼関係です。もちろん無駄な予算は1円たりとも許されませんが、他方、次代を担う子供たちへの投資である教育予算について「悔を後世に残す」ことがあってはなりません。年末の政府予算案の編成に向けて、後世に胸を張れる仕事にせねばと取り組んでいます。どうぞご支援ください。くれぐれもご自愛くださいますよう。

　　　　　　　　　　　　　　　　　　　　　　　　　　敬具

※福永文夫『大平正芳──「戦後保守」とは何か』(中央公論新社、2008年)などを読むと、「三角大福中」と言われた時代の政治家の思いや志が伝わってまいります。大平総理の座右の銘「一利を興すより、一害を除くに如かず」は、行政に携わる者として常に意識して仕事しています。

4 「主体的・対話的で深い学び」と「見方・考え方」

「主体的・対話的で深い学び」のポイント、
教科固有の「見方・考え方」の意義、
そして教師に求められること

●「アクティブ・ラーニング」と「主体的・対話的で深い学び」

　「アクティブ・ラーニング」という言葉が中央教育審議会で初めて使われたのは、平成24（2012）年8月にまとめられた「新たな未来を築くための大学教育の質的転換に向けて（答申）」です。当初は、魅力のない大学の授業を活性化するという高等教育、大学教育の文脈で使われ始めました。同答申は、アクティブ・ラーニングを、「教員による一方向的な講義形式の教育とは異なり、学修者の能動的な学修への参加を取り入れた教授・学習法の総称。学修者が能動的に学修することによって、認知的、倫理的、社会的能力、教養、知識、経験を含めた汎用的能力の育成を図る。発見学習、問題解決学習、体験学習、調査学習等が含まれるが、教室内でのグループ・ディスカッション、ディベート、グループ・ワーク等も有効なアクティブ・ラーニングの方法である」と具体的な指導方法として説明しています。

　学習指導要領のような教育課程の基準がなく、教育内容についてはその自主的な判断に委ねられている大学教育の質の向上については、具体的な指導方法の改善に着目するのは当然です。最近では、

大学教育の質の向上を専門にファカルティ・ディベロッパー（大学の授業やカリキュラムの改善のための研修などの組織的な取り組みをファカルティ・ディベロップメントといい、それをリードし支援する専門家がファカルティ・ディベロッパーです）として活躍している大阪大学の佐藤浩章准教授のような方もいらっしゃいます。しかし、学習指導要領により教育内容が定められているとともに、指導方法について150年にわたる蓄積を有し、子供たちをアクティブ・ラーナー（主体的な学び手）にするための工夫や努力が最も行われているのは、小学校や幼稚園です。したがって、とくに初等教育については、そもそもアクティブ・ラーニングという言葉に浮き足立つ必要はありません。

　しかし、平成26（2014）年11月の学習指導要領改訂に関する中教審への諮問のなかで「アクティブ・ラーニング」という表現が使われたことを引き金に、この言葉が初等中等教育の世界を席捲しました。教育関係のセミナーで、プレゼンテーションや付箋を使った議論や対話といった「型」が称揚されたり、机の配置や黒板の使い方、子供たちの机の向きなどについて、「こういう形にしないとアクティブ・ラーニングではない」といった指摘が研究者の方からなされたりといったことがよく見られるようになりました。

　もちろん指導のための「型」やプレゼンテーションといった学習活動自体が悪いのではありません。子供たちの状況、教科や単元によってはそのような「型」や学習活動が有効であることは十分あると思います。しかし、問題なのは、我が国の教育界においては、特定の「型」以外の指導法が一律に否定されたり、第2章でも触れた「教師は指導者ではなく支援者である」「教え込みはいけない」といった旧文部省の指導のときのように、知識の確実な習得のための指導が躊躇されたりすることがまま生じることです。教育の目的は「自立」であるにもかかわらず、教師が目の前の子供たちの状況を自分の目でしっ

かり捉えて、子供たちへの指導法を自分自身の判断で選択することなく、特定の「型」だけに依存するのでは、子供たちを自立に導くことはできません。

　そのため、平成29（2017）年改訂に関する中教審答申（平成28〈2016〉年12月21日）は、アクティブ・ラーニングという言葉から生じる誤解を避けるため、「主体的・対話的で深い学び」と丁寧に表現し、次のように整理しました（下線は筆者。以下同）。

○　「主体的・対話的で深い学び」の実現とは、以下の視点に立った授業改善を行うことで、学校教育における質の高い学びを実現し、学習内容を深く理解し、資質・能力を身に付け、生涯にわたって能動的（アクティブ）に学び続けるようにすることである。

①　学ぶことに興味や関心を持ち、自己のキャリア形成の方向性と関連付けながら、見通しを持って粘り強く取り組み、自己の学習活動を振り返って次につなげる「主体的な学び」が実現できているか。子供自身が興味を持って積極的に取り組むとともに、学習活動を自ら振り返り意味付けたり、身に付いた資質・能力を自覚したり、共有したりすることが重要である。

②　子供同士の協働、教職員や地域の人との対話、先哲の考え方を手掛かりに考えること等を通じ、自己の考えを広げ深める「対話的な学び」が実現できているか。身に付けた知識や技能を定着させるとともに、物事の多面的で深い理解に至るためには、多様な表現を通じて、教職員と子供や、子供同士が対話し、それによって思考を広げ深めていくことが求められる。

③　習得・活用・探究という学びの過程の中で、各教科等の特質に応じた「見方・考え方」を働かせながら、知識を相互に関連付けてより深く理解したり、情報を精査して考えを形成したり、問題を見いだして解決策を考えたり、思いや考えを基に創造したりすることに向かう「深い学び」が実現できているか。

この答申を踏まえ、学習指導要領の総則において、以下の規定が置かれました。そのポイントを確認したいと思います（破線囲みは筆者）。

小学校学習指導要領

第1章　総則

　第3　教育課程の実施と学習評価

　1　主体的・対話的で深い学びの実現に向けた授業改善←【ポイント①】

　　　各教科等←【ポイント②】の指導に当たっては、次の事項に配慮するものとする。

　(1)　第1の3の(1)から(3)までに示すことが偏りなく実現されるよう、単元や題材など内容や時間のまとまりを見通しながら←【ポイント③】、児童の主体的・対話的で深い学びの実現に向けた授業改善を行うこと。

　　　　特に、各教科等において身に付けた知識及び技能←【ポイント④】を活用したり、思考力、判断力、表現力等や学びに向かう力、人間性等を発揮させたりして、学習の対象となる物事を捉え思考することにより、各教科等の特質に応じた物事を捉える視点や考え方（以下「見方・考え方」という。）が鍛えられていくことに留意し、児童が各教科等の特質に応じた見方・考え方を働かせながら←【ポイント⑤】、知識を相互に関連付けてより深く理解したり、情報を精査して考えを形成したり、問題を見いだして解決策を考えたり、思いや考えを基に創造したりすることに向かう過程を重視した学習の充実←【ポイント⑥】を図ること。

　この規定には、次の6つのポイントが明確に示されています。

　【ポイント①】は、主体的・対話的で深い学びの実現のための授業

改善が、「活動あって学びなし」と批判される授業に陥ったり、特定の教育方法にこだわるあまり指導の型をなぞるだけの授業になってしまったりすることへの危惧を踏まえ、主体的・対話的で深い学びとは特定の指導方法やその「型」を意味しているのではなく、授業改善の視点であることが明確に位置づけられています。

【ポイント②】では、主体的・対話的で深い学びの実現のための授業改善の主たる場面は、総合的な学習の時間だけではなく、むしろ各教科における言語活動や探究活動、表現や鑑賞の活動といった学習活動であることを明確にしています。

【ポイント③】は、単元といった内容のまとまりの重視です。主体的・対話的で深い学びは1単位時間の授業のなかですべてが実現されるものではなく、単元や題材のまとまりのなかで実現されていくことが明確に規定されました。単元といったまとまりのなかで、習得・活用・探究といった学習活動をどう配置し、組み立てて授業改善を行うかの視点が主体的・対話的で深い学びです。

【ポイント④】は、主体的・対話的で深い学びの具体的な在り方は発達の段階や子供の学習課題等に応じてさまざまであることから、基礎的・基本的な知識・技能の習得に課題が見られる場合には確実な習得を図ることが求められることです。主体的・対話的で深い学びの実現のための授業改善は、授業方法の型の改善自体が目的ではなく、一人ひとりの子供たちがアクティブ・ラーナー（主体的な学び手）へと変容を遂げることが目的です。そのために必要な知識の体系的な習得が「アクティブ」ではないとの理由で忌避されることがあってはなりません。

【ポイント⑤】は、主体的・対話的で深い学びの実現のための授業改善を行うに当たって、それぞれの教科等に固有の「見方・考え方」が重視されていることです。後述するように、我が国の学校教育が大事にしてきたそれぞれの教科固有の見方・考え方とは、たとえば、歴史の学びについては歴史を因果関係で捉えたり、比較や相互作用

で考えたりすることであり、この歴史的な見方・考え方に基づいて、「何を契機に、相互の関係はどのように変化したのか」といった問いについて自分なりに考え、探究することが深い学びにつながります。

　この見方・考え方は、各教科等の学習のなかで働くだけではなく、大人になって生活していくに当たっても重要な役割を果たしています。平成29（2017）年改訂においては、学校の学びと社会を架橋している見方・考え方を各教科等における深い学びの鍵として位置づけました。

　【ポイント⑥】にある「知識を相互に関連付けてより深く理解」する、「情報を精査して考えを形成」する、「問題を見いだして解決策を考え」る、「思いや考えを基に創造」するといった学びは、経験豊富で力量の高い教師にとっては担当する教科の単元ごとに具体的な学習活動が頭に浮かぶ「当たり前」のことでしょう。このように、主体的・対話的で深い学びは、我が国の学校教育が重視してきた学びの意味を学習指導要領において可視化・明確化したものです。

　このように、平成29（2017）年改訂において、主体的・対話的で深い学びの実現のための授業改善を学習指導要領の総則に規定したのは、プレゼンテーションやディベートといった授業の「型」を変えること自体を目的としたものではなく、単元といった内容のまとまりのなかで毎回の授業を目の前の子供たちの状況に応じて組み立たせることについての我が国の教科教育の大きな蓄積を共有し、発展させることを重視したからにほかなりません。単元というまとまりのなかで先生方がどう授業を組み立てていくのかという戦略自体が主体的・対話的で深い学びの実現のための授業改善だと申し上げることができるでしょう。

　図12は、68頁で触れた中学校理科の「化学変化と物質の質量」という単元のイメージです。中段の１マスが１コマで、この単元が８コマ程度の授業で組み立てられていることを表しています。子供た

ちが物質は化学変化によって見た目はずいぶん変わるけれども、その見た目の背景には一定の科学的な法則や構造があるということを理解し、見た目に基づく素朴概念を越えて、法則や構造をしっかり踏まえて考えることが科学的に考えることだと認識できるようになるために、この8コマをどう組み立てるかが重要だと思います。

このイメージでは、単元に入るに当たっての知識の習得には冒頭の1コマ目のみを充てていますが、子供たちの状況によってはこれを増やすことも必要でしょう。新任の教師は目の前の1コマ1コマの授業に必死に取り組んでいらっしゃると思いますが、経験とともに単元や教科全体を見渡して、余裕をもって1コマ1コマを担当できるようになるとベテランの先生方からよくお聞きします。これからの教師には、1コマ1コマの授業を教える「主演俳優」という役割だけではなく、単元をデザインする「演出家」や「脚本家」、ゲストティーチャーといった外部のリソースを活かして授業の質を高める「コーディネーター」としての役割がどんどん重要になっていると申せましょう。

目の前の子供たちが語彙も知識も十分ではなく、このまま討論や対話をしてもその瞬間は楽しいかもしれないけれども、後々その子供たちの資質・能力に結びつかないのであれば、まずはとにかく知識や語彙の定着のための指導をしっかり行っていただく必要があります。そのため、文部科学省としても、教育委員会の指導主事の先生方などに対して、当初の予定では1コマだった知識の習得の指導を2コマ3コマに増やしている授業を指導主事がご覧になって、「これは教え込みだ、アクティブ・ラーニングじゃない」という指導は絶対にしないでくださいとお願いしています。

その単元のなかで、今なぜこれをやっているのか、今後どういう展開をしようとしているのか、ということを聞いていただいて、その是非を議論することはあり得ても、基本的な語彙や知識のおさらいや定着を重視している授業を主体的・対話的で深い学びではない

【中学校理科　化学変化と物質の質量（7～8時間）】

知識及び技能
：化学変化と質量の保存における物質の前後における物質の質量を測定する実験を行い、反応物の質量の総和と生成物の質量の総和が等しいことを見いだして理解すること。
（質量変化の規則性）化学変化に関する実験を行い、反応する物質の質量の間には一定の関係があることを見いだして理解すること。

思考力、判断力、表現力：化学変化について、見通しをもって解決する方法を立案して観察、実験などを行い、原子や分子と関連付けてその結果を分析して解釈し、化学変化における物質の変化やその量的な関係を見いだして表現すること。

知識の習得

課題の把握
既習の知識、課題の確認
（例）硫酸銅水溶液と水酸化ナトリウム水溶液を混ぜ合わせる実験

既習の知識
・物質が水にとけるときや状態変化するとき、全体の質量は変化しない

課題の例
・化学変化の前後で物質全体の質量は変わらないのか

活用・探究

計画の立案、観察・実験、振り返り

新たな知識の習得（他の事象への適用）

新たな知識の例
・化学変化の前後で物質全体の質量は変わらない
【質量保存の法則】
（他の事象への適用の例）
・密閉した状態でスチールウールを燃焼させると、反応の前後で質量は変化しない

知識の習得

課題の把握
前時の知識の確認
新たな課題の把握

計画の立案、観察・実験、振り返り
（例）銅やマグネシウムを加熱させる実験

新たな知識、課題の確認
新たな課題の例
・反応する物質どうしの質量の間には一定の関係があるのか

活用・探究

計画の立案、観察・実験、振り返り
（例）銅やマグネシウムを加熱させる実験

まとめ

深い知識の習得（概念の獲得）

深い知識の例
・反応する物質どうしの質量の間には一定の関係がある
・化学変化には原子が結びつく相手が決まっているだけである
（獲得した概念）

既習の知識や新たに得た知識を活用して新たな課題を見いだす
・課題を解決するための実験方法を考える
・生徒によって異なる結果が出た場合に、その要因や妥当性を考察し、議論する　など

与えられた手順通りに実験を行い、全ての生徒が同じデータを得ることが目的化

図12　中学校理科「化学変化と物質の質量」単元イメージ

という指導はしないでいただきたいという意味です。

　我が国においては、総合的な学習の時間における探究的な学びは比較的小学校の先生方が熱心に取り組んでいますが、中学校・高校となるに従って熱量が下がってくるのが一般的だと指摘されています。しかし、本来これは逆であるべきだと考えています。小学校、とくに低・中学年の先生方には、知識の習得や定着をしっかりやっていただき、中学校・高校の教科担任である先生方には、自分の教科の座標軸に基づいて子供たちに大人が悩んでいる難問を投げかけて考えさせる場としての総合的な学習（探究）の時間を大事にしていただきたいと考えています。

　たとえば、私は現在、「子供たちのために教職員定数の充実をはじめ教育への投資を増やすべき」という信念を持って仕事をしています。校長会や職員団体、PTA関係者など教育関係者の皆さんの間では異論はなく、「そのとおりだ、一丸となって取り組もう」ということになります。しかし、もちろん事柄はそんなに単純ではありません。

　平成29（2017）年改訂により中学校の社会において「財源の確保と配分という観点から、財政の現状や少子高齢社会など現代社会の特色を踏まえて財政の持続可能性と関連付けて考察し、表現させる」ことを重視して「財政及び租税の役割」を扱うことになっています。令和元（2019）年度の国の一般会計予算から、地方交付税交付金と国債費を除いた一般歳出（消費増税への対応を除いた通常分）は60兆円。そのうち、53％に当たる32兆円が厚生労働省所管の社会保障関係の予算、文部科学省所管の予算は5.3兆円（初等中等教育関係は2.2兆円）です。この構造のなかで教育予算を増やすためには、たとえば「人生前半の社会保障」（教育）と「人生後半の社会保障」（年金、介護、医療等）のバランスをどう考えるかといった難問について、それぞれの当事者も含めて真剣に対話し、納得解を形成しなければ

なりません。国と地方自治体合わせて1,000兆円に及ぶ債務の存在も看過できない課題です。

　教育は大事だという強い信念を持ちつつも、自らの主張を一方的に声高に主張するだけでは民主政において合意形成はできません。18頁の「効率と公正」「対立と合意」といった視点に着目して、「人生前半の社会保障」と「人生後半の社会保障」、「財政の持続可能性」と「教育投資の充実」、「AIの飛躍的進化」と「民主政」、「テクノロジーの進化」と「人間の尊厳」といった課題について、「教育は大事だよね」とか「テクノロジーで生活は便利になるよね」という素朴な感情を越えて、未来の有権者かつ財政の担い手であり、現在教育を受ける当事者である子供たちが自分事として考え抜く探究活動は、子供たちにとっても未来社会にとっても大事だと思っています。[27]

●教科固有の「見方・考え方」と学ぶ意義

　ときおり、「座学（教科学習）はおもしろくないけど、総合的な学習の時間は子供たちの目がきらきらしている。教科学習はダメだが総合的な学習の時間は活性化している」といった声を聞くことがあります。しかし、これは本末転倒な話です。[28]

　中教審では、主体的・対話的で深い学びの「深い学び」を、教科固有の見方・考え方を働かせながら、知識を相互に関連づけてより深く理解したり、情報を精査して考えを形成したり、問題を見出して解決策を考えたり、思いや考えをもとに創造したりすることに向かう学びとしています。

　私たちは、中学校数学の「因数分解」をなぜ学んでいるのでしょうか。算数・数学の証明問題で学ぶ「場合分け」はどうでしょうか。「因数分解」そのものを実際に仕事で使う人はそんなに多くないかもしれません。しかし、学習指導要領に規定している以上、すべての中学生が学ばなければなりません。なぜでしょうか。その内容やそこ

で扱う知識そのものを実際に大人になって社会で使わない限り、子供たちは学ぶ必要はないのでしょうか。もちろん、そう考える人もいます。

しかし、複雑な事象を因数に分解して考えるという発想は、社会生活においても、たとえば、18歳の有権者の投票率やお店の売り上げについていくつかの因数に分解して考えることで、投票率や売り上げを上げるための戦略を立てるといったかたちで活用されているのではないでしょう。あるいは、ある意思決定が迫られたとき、「このような条件の場合はこう対応する、それ以外の場合は別の対応をする」と「場合分け」して考えることなく、より質の高い意思決定ができるでしょうか。

このように各教科固有の「見方・考え方」とは、その科目を学ぶことによってできるようになる発想や思考で、社会生活においてより質の高い意思決定を行うに当たって必要となるものです。日々の授業において学んだ見方・考え方を働かせて、子供たちは未来社会においてより質の高い意思決定を行うという意味で、現在の学びと未来社会を架橋するものだとも申せましょう。

そして何より、この「見方・考え方」こそすべての子供たちがその教科の学びを行う理由であり、それがないならすべての子供たちに学ばせる必要はないことになります。平成29（2017）年改訂に関する中教審の審議においてまとめられた中学校段階の各教科等の「見方・考え方」は**図13**のとおりです。

たとえば、歴史であれば、事象を因果関係で捉えたり、相互作用で捉えたり、比較で捉えたりして思考すること。平成30（2018）年の高校学習指導要領の改訂で、高校において「歴史総合」という新しい共通必履修科目が設けられました。とうとう高校において、日本史・世界史の枠組みを取り払って近現代の歴史を学ぶことになりますが、その大きな特徴は、近現代の歴史を「近代化」「大衆化」「グロー

各教科等の特質に応じた見方・考え方のイメージ（中学校の例）

言葉による見方・考え方	自分の思いや考えを深めるため、対象と言葉、言葉と言葉の関係を、言葉の意味、働き、使い方等に着目して捉え、その関係性を問い直して意味付けること。
社会的事象の地理的な見方・考え方	社会的事象を、位置や空間的な広がりに着目して捉え、地域の環境条件や地域間の結び付きなどの地域という枠組みの中で、人間の営みと関連付けること。
社会的事象の歴史的な見方・考え方	社会的事象を、時期、推移などに着目して捉え、類似や差異などを明確にしたり、事象同士を因果関係などで関連付けたりすること。
現代社会の見方・考え方	社会的事象を、政治、法、経済などに関わる多様な視点（概念や理論など）に着目して捉え、よりよい社会の構築に向けて、課題解決のための選択・判断に資する概念や理論などと関連付けること。
数学的な見方・考え方	事象を、数量や図形及びそれらの関係などに着目して捉え、論理的、統合的・発展的に考えること。
理科の見方・考え方	自然の事物・現象を、質的・量的な関係や時間的・空間的な関係などの科学的な視点で捉え、比較したり、関係付けたりするなどの科学的に探究する方法を用いて考えること。
音楽的な見方・考え方	音楽に対する感性を働かせ、音や音楽を、音楽を形づくっている要素とその働きの視点で捉え、自己のイメージや感情、生活や社会、伝統や文化などと関連付けること。
造形的な見方・考え方	感性や想像力を働かせ、対象や事象を、造形的な視点で捉え、自分としての意味や価値をつくりだすこと。
体育の見方・考え方	運動やスポーツを、その価値や特性に着目して、楽しさや喜びとともに体力の向上に果たす役割の視点から捉え、自己の適性等に応じた『する・みる・支える・知る』の多様な関わり方と関連付けること。
保健の見方・考え方	個人及び社会生活における課題や情報を、健康や安全に関する原則や概念に着目して捉え、疾病等のリスクの軽減や生活の質の向上、健康を支える環境づくりと関連付けること。
技術の見方・考え方	生活や社会における事象を、技術との関わりの視点で捉え、社会からの要求、安全性、環境負荷や経済性等に着目して技術を最適化すること。
生活の営みに係る見方・考え方	家族や家庭、衣食住、消費や環境などに係る生活事象を、協力・協働、健康・快適・安全、生活文化の継承・創造、持続可能な社会の構築等の視点で捉え、よりよい生活を営むために工夫すること。
外国語によるコミュニケーションにおける見方・考え方	外国語で表現し伝え合うため、外国語やその背景にある文化を、社会や世界、他者との関わりに着目して捉え、目的・場面・状況等に応じて、情報や自分の考えなどを形成、整理、再構築すること。
道徳科における見方・考え方	様々な事象を道徳的諸価値をもとに自己との関わりで広い視野から多面的・多角的に捉え、自己の人間としての生き方について考えること。
探究的な見方・考え方	各教科等における見方・考え方を総合的に活用して、広範な事象を多様な角度から俯瞰して捉え、実社会や実生活の文脈や自己の生き方と関連付けて問い続けること。
集団や社会の形成者としての見方・考え方	各教科等における見方・考え方を総合的に活用して、集団や社会における問題を捉え、よりよい人間関係の形成、よりよい集団生活の構築や社会への参画及び自己の実現と関連付けること。

図13　各教科等の特質に応じた見方・考え方　　第4章　［主体的・対話的で深い学び］と［見方・考え方］

バル化」という三つの転換点に着目して学ぶという枠組みとなっていることです。

　今までの歴史教育は、昭和20（1945）年8月15日の終戦で我が国の社会や制度、国民の意識はガラッと変わったといった「八月革命説[29]」のような見方が基本でした。それが間違いというわけではありません。しかし、歴史の転換点である「大衆化」に着目した場合、筒井清忠先生（帝京大学教授）や井上寿一先生（学習院大学長）が指摘なさっているように[30]、大正デモクラシーから戦争への道、終戦から戦後の復興、高度経済成長という流れが全部「大衆化」という同じ文脈で見えてくるという視点も浮かび上がってまいります。今までは、大正デモクラシーは「○」、戦争への道は「×」だと覚えておけばよかったのですが、そういう単純な話ではなくて、大正デモクラシーを称揚したのも国民ですけれども、戦争への道を歩んだのも同じ国民で、しかも、普通選挙になったにもかかわらず（あるいはなったからこそ）、軍人だけでなくて、政治家も官僚もメディアも、そして国民自身も戦争への道に歩んでいったというのはなぜだろうと、昨今のポピュリズムの観点も踏まえて自分事として近現代史を学ぶということが、今回のカリキュラム構成の大きなポイントとなっています。

　このような学びにおいて、歴史的な事象を因果関係で捉えたり、相互作用で捉えたり、比較の視点で捉えたりして思考するという「社会的事象の歴史的な見方・考え方」は重要な道具立てですし、生涯にわたって未知の状況に立ち至ったときに、歴史から学ぶうえで大きな役割を果たすものです。

　理科の見方・考え方は、「自然の事物・現象を、質的・量的な関係や時間的・空間的な関係などの科学的な視点で捉え、比較したり、関係付けたりするなどの科学的に探究する方法を用いて考えること」です。この「見方」については、理科を構成する領域ごとの特徴

を見いだすことが可能であり、「エネルギー」領域では自然の事物・現象を主として量的・関係的な視点で捉えることが、「粒子」領域では自然の事物・現象を主として質的・実体的な視点で捉えることが、「生命」領域では生命に関する自然の事物・現象を主として多様性と共通性の視点で捉えることが、「地球」領域では地球や宇宙に関する自然の事物・現象を主として時間的・空間的な視点で捉えることが、それぞれの領域における特徴的な視点として整理されています。

　これが、理科の見方として「質的・量的な関係や時間的・空間的な関係などの科学的な視点」と表現されているゆえんで、中学校までは第1分野で「エネルギー」と「粒子」を、第2分野で「生命」と「地球」を扱い、すべての中学生がこれらをすべて学ばなければならないことになっているのは、この4点の理科の見方がすべての市民にとって必要だからと判断したからにほかなりません。他方、理科の「考え方」とは、課題の把握（発見）、課題の探究（追究）、課題の解決という探究の過程を通じた学習活動のなかで、比較したり、関係づけたりするなど科学的に探究する方法を用いて、事象のなかに何らかの関連性や規則性、因果関係等が見出せるかなどについて考えることだとされました。

　あるシンポジウムでコーディネータの方から、「小学校の理科で、雪が融けたら何になりますかという問題があって、一人の子供が手をあげて『春になります』と言ったら、担任の先生が『何を言っているの』『教科書にはそんなことは書いてないでしょう。雪が融けたら水になるんじゃないですか』と、こういうことを教えた先生があると。こういう例があるわけです。これでは、子供たちはけっしてやる気にならないと思うんです」という発言がありました。私は、「『雪が融けたら春になる』。すごくよい話だとは思うのですけれども、残念ながら氷・水・水蒸気の水の三態や状態変化を扱っている理科の授業ではやっぱりそれは違うよと言ってもらわないと、私は困ると思います。いい表現だねと。いい表現だし、そういう春が待ち遠

しいという君の思い、心情はすごくいいと思う。だけど、ここは理科の授業で、水の三態、状態変化を学んでいるので、雪は融けたら水になるんだよと、春になると表現するのは、おもしろい表現だし、素敵だよと言っていただきつつも、科学的な知識はきっちり指導していただきたいと私は思います」と申し上げました。まさに理科の見方・考え方を働かせる学びが、理科の授業においては大事だと思っています（同時に、春の季語に「雪解水」「氷解く」とありますから、国語で俳句を詠む授業では素敵な発想になるよと誉めていただきたいと思います）。

　総合的な学習の時間における「探究的な見方・考え方」とは、「各教科等における見方・考え方を総合的に活用して、広範な事象を多様な角度から俯瞰して捉え、実社会や実生活の文脈で自己の生き方と関連付けて問い続けること」です。「各教科等における見方・考え方を総合的に活用」するとは、現実の課題は教科の文脈を越えた「総合問題」として目の前に現れますので、その解決のためには、前述の算数・数学における「場合分け」といった各教科等の見方・考え方を選択したり、組み合わせることが求められることを意味しています。

　総合的な学習の時間における探究活動の質を高めていくためにも、教科の学びにおいて、さまざまな課題を教科の文脈に引きつけて、教科の特質に応じた見方・考え方を働かせて、判断したり合意形成したりするといった発想を丁寧にお教えいただきたいと思っています。

　第１章でも触れましたが、探究活動においては、次代を担う子供たちが従来の社会生活においてさまざまな対立と合意を経験することを見据え、どういう思考をすることが質の高い意思決定につながるのかを子供たちが理解することがたいへん大事だと思っています。振り子のように振れる世論のなかで、教科等の特質に応じた見

方・考え方を軸に一定の原理・原則を見極め、議論の「土俵」を形成し、合意形成を図る。そのための思考や対話、協働は、どんなにAIが進化したとしてもAIにはできない、人間としての強みそのものです。国政レベルから身近な問題まで、さまざまな日々の社会生活は、意思決定の繰り返しにほかなりません。探究活動はそのための大事な学びだと、その目的をしっかりと共有する必要があると考えています。

　総合的な学習の時間において、各教科等の見方・考え方を総合的・選択的に活用して、より質の高い意思決定をしていくというプロセスは、ある種の知的な「修羅場体験[31]」ではないでしょうか。我が国の学校教育は、こういう修羅場体験で形成される胆力なり判断力は、どちらかというと運動部活動などではぐくまれてきました。試合の日は決まっているが、チームの現在の力はこのレベル。それを試合の日までにどこまで伸ばしていくかという修羅場。このように一定の締め切りまでに情報を集め、教科等の見方・考え方を働かせて対話し、合意を形成するという知的な探究活動を総合的な学習の時間において行っていただきたいと思っております。

　また、第7章で触れるように、現在行われている入試改革は、教科の見方・考え方を働かせて構造的に深くものを考えた経験を重ねた子供がきちんと評価されることを目指しています。新井先生の人工知能「東ロボくん」が一番得意なのは世界史のマーク模試ですから、五肢択一の問題を解くという次元ではAIにかないません。他方で、大衆化を軸にすると大正デモクラシーから戦争への道、終戦、高度経済成長は連続しているという感覚を今の判断に活かすということは、AIにはできません。令和2（2020）年度から導入される「大学入学共通テスト」に記述式問題を導入することは、小学校以来重ねてきた自分の頭で考えて表現するという学びや探究活動が適切に評価される試験に変えましょうということです。

　そういう意味において、今回の入試改革と新学習指導要領は、

Society5.0における人間としての強みをどう引き出すかという観点で共通していると申し上げることができると思います。

●教師に求められるもの

　平成29（2017）年改訂で規定された主体的・対話的で深い学びの実現のための授業改善を進めるうえで、教師に求められていることは何でしょうか。

　第一は、社会の構造的な変化を自分なりに把握することだと思います。第1章で触れたような社会の構造的変化はけっして日々の授業に無関係なのではなく、むしろ直結しています。私も含めて教育関係者は自分自身が就職し、社会に出たときの社会像がそのまま残っていて、それからどんなに社会が構造的に変化していても無頓着ということが少なくありません。そのことが、我が国の学校教育の蓄積を活かしながら、目の前の子供たちが次代を切り拓くにふさわしい力を育むための学びを妨げることにもなっています。

　第3章でも触れたとおり、今、時代を動かしているのは、官庁の官僚や大企業の幹部ではありません。ベンチャーやNPOなどを立ち上げ、新しい社会的な価値を生み出している若者です。「東大卒」だとか「官僚」だとか「大企業」だとかで、その人の持っている力を判断することはできなくなっています。その人が自分の足で立って自分の頭で考えているか、何を考え、どんな価値を生み出しているかを一人ひとりが見極めることが必要であり、そのことが日々の授業の在り方にも直結していると思います。

　第二に、教科教育の本質を大事にしていただくことです。平成20（2008）年や平成29（2017）年の学習指導要領改訂は、無藤隆先生（白梅学園大学教授）、市川伸一先生（東京大学教授）、奈須正裕先生（上智大学教授）といった発達心理、認知心理の専門家の知見を踏

まえて行われました。奈須先生は、教科で教える知識や価値の多く
は現在では常識であっても、生み出された当時はおよそ非常識な代
物であり、「教科は非常識であるがゆえに素晴らしい」とおっしゃっ
ています[32]。それこそ我が国の教科教育の最も良質な蓄積と通底する
真理だと思います。

　教科書を順番に淡々と教えていればいいんだとお考えの先生方も
おられることでしょう。しかし、教科書に書いてあることを伝える
だけの予定調和的な授業では、「人間としての強み」を育てる教育と
はなりません。それを打破するには、これまでの教科教育が大事に
してきた「教科は非常識であるがゆえに素晴らしい」というワクワク
感を大切にした挑戦だと思います。それこそ、子供たちがその教科
を学ぶ意義です。第6章で触れるように、学校における働き方改革
は、教科教育の蓄積に先生方が真正面から向き合うための時間を確
保することが大きな目的です。

　第三は、それぞれの教科の指導内容を学ぶ意義や意味を捉え直し、
それを子供たちにしっかり伝えることだと思います。それぞれの内
容項目は子供たちの未来の社会生活につながっています。前述のと
おり、因数分解なら因数を見出して分解するとか、共有する要素を
踏まえて「場合分け」をして考えるといった見方・考え方は、社会に
おいて質の高い意思決定をするうえで不可欠です。

　単元のなかで、習得・活用・探究という学習活動をどう組み合わ
せるかはまさに教師の創意工夫、腕の見せどころだと思っております
が、いずれにしても、「AI時代」「Society5.0」などと言われる社
会の構造的変化のなかで、先生方が教えている日々の授業の内容は
子供たちにとってたいへん大事になっています。

　単に入学者選抜におけるふるい分けの道具だというのではなく、
一人ひとりの子供たちが自分の足で立って、自分の頭で考えて、わ
れわれ大人が想像もつかないような新しい時代を切り拓いていくう

えで、重要な道具立てになっていると改めて確認し、子供たちに伝えていただきたいと思っております。

　第四は、主体的・対話的で深い学びの実現に当たっては、指導案どおりに授業を進めるだけではなく、予想もしなかったような子供の発言やつぶやきを授業に活かすことが有効であり、そのためには、教師の頭の中にその教科や単元に関する「座標軸」があることが大事だということです。先生方が教科の本質に向き合った場合、教科自体や単元ごとに、座標軸(意見と意見、原理と原理が衝突する際にそれぞれの意見や原理同士がどのような関係にあるのかを把握するための軸)をもとに思考なさっているのではないでしょうか。

　たとえば、前述した新しい高校の必履修科目「歴史総合」において「国際秩序の変化や大衆化と私たち」を学ぶに当たっては、「自由・制限」「平等・格差」「開発・保全」「統合・分化」「対立・協調」といった軸が示されています。

　社会におけるさまざまな課題についての社会的な合意を形成する際の原理・原則の土台として、各教科の学びはたいへん重要であり、先生方が教えていらっしゃる内容をもう一歩高いレベルの文脈で位置づけ直すことが不可欠です。先生方の頭にある座標軸を活かしてその教科の構造を鮮やかに授業で示すからこそ、子供たちの主体的・対話的で深い学びが実現するのではないでしょうか。第3章で触れた目の前の1コマ1コマの授業に必死に取り組む新人教師の段階から、経験とともに単元や教科全体を見渡して余裕をもって1コマ1コマを担当できるようになるという教師としての習熟とは、教科や単元における思考のための「座標軸」が形成されているプロセスではないか――ベテランの先生との対話のなかで常に感じています。

　私も行政職員としてこちらの考えを理解してもらおうと思いつめて国会議員や財務省などに説明していると、思わぬ異論や反論に直面して結果として説得できないことがあります。むしろ、国民の意

思である法律の規定を踏まえると行政にはここまでの裁量の幅があり、その裁量のなかでよりよい教育、より効果の高い施策のために相手とじっくり対話しようと思って柔軟なかまえで議論した方が、お互いが納得できる「納得解」にたどり着くことが少なくありません。授業も指導案どおり着地させねば、子供たちにこれを理解させねばと思いつめて指導するよりも、教師の頭のなかにある座標軸のなかで、予想しなかった子供たちの発言やつぶやきを活かしながら「生モノ」である授業を展開した方が、結果として子供たちの理解の質が高まることがあるのではないかと考えています。

　このことは学習評価にとっても重要です。学習指導要領において、各教科等が「知識及び技能」「思考力、判断力、表現力等」「学びに向かう力、人間性等」の三つの柱の資質・能力で整理されたことは、学習評価にも影響を与えます。中教審教育課程部会は、平成31(2019)年1月21日に「児童生徒の学習評価の在り方について(報告)」をまとめ、同年3月29日には、「小学校、中学校、高等学校及び特別支援学校等における児童生徒の学習評価及び指導要録の改善等について(通知)」が出されました。今後、学習評価は、学習指導要領を踏まえ、「知識・技能」「思考・判断・表現」「主体的に学習に取り組む態度」の3観点で行われることになり、その評価規準は学習指導要領における教科の目標やそれぞれの内容事項に関する規定がベースとなります。したがって、「知識・技能」は事実的な知識の習得に加え、これまで以上に知識の概念的な理解を問うことになりますし、「思考・判断・表現」は論述やレポート、プレゼン、作品の制作や表現等から見取ることになります。「主体的に学習に取り組む態度」については、粘り強く学習に取り組む側面と自らの学習状況を把握し、学習の進め方について試行錯誤するといった側面を重視しています。このように学習評価において子供たちが一つひとつの事実的な知識を越えて概念的に知識を理解したり、自らの学習をメ

タのレベルで調整したりできることを重視するに当たっては、教師自身も担当教科の構造や内容を一段高いメタのレベルで把握することが重要だと思います。

　安彦忠彦先生 (名古屋大学名誉教授、神奈川大学特別招聘教授) は、「『深い学び』の人間の固有の部分は、この『自我』との関連で生まれたものだということができる。その学びが『自分 (たち) にとって新たな意味や価値をもっていて、個性的な自我や自意識を変えるような働きをしたもの』である場合、人間に独自に『深い』ということができる」とおっしゃっています。[33]

　社会の構造的変化のなかにあって、子供たちが自分の足で立って、自立して思考するということの重要性はますます高まっています。主体的・対話的で深い学びも、学校教育の目的である社会的自立のための重要な手段だと捉えることが必要だと考えています。

〈注〉
27　たとえば、教職員給与の優遇措置を定めた「教員人材確保法」(昭和49〈1974〉年) とこの教員人材確保法の「廃止を含めた見直し」を規定した「行革推進法」(平成18〈2006〉年) は、ともに国民の意思である法律が異なる政策的方向性を示しているという意味で、一つの素材であろう。
28　池上彰・佐藤優『教育激変　2020年、大学入試と学習指導要領大改革のゆくえ』(中央公論新社、2019年) において、佐藤優氏は「座学は大事です。しかし、伝統的な座学に限界が見えていることも明らか」と指摘している。
29　憲法学者の宮澤俊義東京大学教授が提唱した我が国における「主権」についての学説。1945年8月のポツダム宣言受諾により、主権の所在が天皇から国民に移行 (この移行を法的な意味での「革命」と表現) し、日本国憲法は新たに主権者となった国民が制定したと考える。
30　筒井清忠『戦前日本のポピュリズム　日米戦争への道』中央公論新社、2018年。井上寿一『戦前昭和の社会　1926−1945』講談社、2011年。
31　柴田励司『39歳までに組織のリーダーになる』(かんき出版、2005年) は、修羅場を「利害関係者が多く、なおかつ相当な時間の制約や能力的限界のなかで、当事者として何かを実現しなければならなかった場合」と定義しており、ここではこのことを「修羅場体験」と表現している。
32　奈須正裕『「資質・能力」と学びのメカニズム』東洋館出版社、2017年。
33　安彦忠彦「これからの教育が目ざす深い学びとは」『教育展望』2018年7・8月号、一般財団法人教育調査研究所。

拝啓　今夏は記録的な猛暑でしたが、すっかり冬めいてまいりました。いかがお過ごしでしょうか。今年（平成30〈2018〉年）は明治150年。令和4（2022）年は学制150年になります。宮城師範学校長だった大槻文彦が文部省報告課に戻ったのはその学制発布から3年後の明治8年。大槻文彦が、西村茂樹課長のもと文部省職員として近代国家にとって不可欠な国語辞書編纂と格闘し『言海※』を完成させたことは、高田宏『言葉の海へ』（新潮社、2018年）が鮮やかに描き出しています。SNSの普及で「言文一致」が揺らぎ、我が国の国語のあり方が問われるなか、一つひとつの言葉の「発音、語別、語源、語釈、出典」にこだわり抜いた『言海』は、今だからこそ深い感銘と示唆を与えてくれます。

　当時、明六社とのかかわりが深く、「新政府のなかでも異様なくらいの革新性を示していた」文部省。中学生だった頃に文部省に関心をもったきっかけの一つは、ラフカディオ・ハーンとニューオリンズ万国博覧会で知り合い、文部省普通学務局長としてハーンに松江尋常中学校の英語教師の職を斡旋するなど小泉八雲を支えた文人官僚・服部一三※を知ったことでした。理想や志を抱きつつも大言壮語するのではなく、黒衣として、自らの専門性を活かしてむずかしく地道な仕事から逃げずに向かい合ったこれらの先達こそ、私どもが引き継ぐべき文部科学省の「財産」。件の『言海』は、「文部省」を「一国教育ノ事ヲ統べ掌ル省」と説明しています。150年変わらぬ使命の重さを改めて自覚した次第です。寒くなってまいりました。ご自愛の程を。　　　　　　　　　　　　　　　　　　　　　　　敬具

※『言海』は、ちくま学芸文庫として複製、出版されています。
※服部一三のことは、1984年にNHKで放送された小泉八雲を主人公としたドラマ「日本の面影」で知りました。官僚として岩手、広島、長崎、兵庫の各県の知事を歴任したほか、日本地震学会の初代会長としての顔も持っていました。

学習指導要領を「使いこなす」こと

学習指導要領を使いこなすための
「仕組み」とは、
どう使いこなせばよいか

●学校の固有の役割と学習指導要領

　第3章と第4章では、2017年改訂の「読み方」に触れました。そこでは、具体的な指導方法や「型」について一つも紹介しなかったので、明日の授業に役立たないと思われた先生もいらっしゃることでしょう。

　私が具体的な指導方法に触れなかったのは、文部科学省の職員として、「教育基本法や学校教育法などの法律に規定されている国民の意思を踏まえて、各教科等においてこのような内容を教えてください。その場合には、とくに小学校の低・中学年では知識・技能の確実な習得を重視しながら、義務教育や高校教育を通じて三つの資質・能力をバランスよくはぐくむように取り組んでください」とは申し上げますが、具体的な指導方法の創意工夫は学校や教師の専門性の中核であり、私のような行政職員が細かく言及する領域ではないと考えているからです。また、特定の指導方法に文部科学省の職員が言及することによって、その指導方法が唯一正しい「型」として称揚されたり、結果として意欲的な取り組みの横展開が逆に妨げられたりするという事態は避けたいという思いもあります。

　我が国の教育界には大きな蓄積があります。蓄積を踏まえた多様

な指導方法がフラットに開かれたかたちで、切磋琢磨しながら子供たちの力を引き出していただくことが大事であることは言うまでもありません。したがって、それぞれの指導方法をリードする研究団体等が他の指導方法を否定したり批判したりしていては、教育界全体にマイナスです。教壇に立つ教師が、目の前の子供たちに応じて多様な指導方法を選択できるような環境づくりが大事だと思っています。

　さて、学校と学習塾との違いは何でしょうか。個人的におつきあいのある学習塾の経営者、たとえば日能研の高木幹夫代表などとお話しすると、その教育に対する思いや見識に感じ入ります。高木代表ほど中央教育審議会（中教審）の「四六答申[34]」を知悉しておられる方は、文部科学省にもいないかもしれません。学習塾とは異なりますが、発達障害の子供たちの支援を行っている株式会社LITALICO（リタリコ）の長谷川敦弥代表（第10期中教審〈平成31（2019）年2月〜令和3（2021）年2月〉の委員に就任なさいました）は、教育や福祉の世界の新しいページを切り拓いているトップランナーのお一人です。また、学習塾で実際に子供たちを指導なさっている方々とお話ししていると、現在学校が直面していることと同じ課題について悩んでいることを知り、話し込むことも少なくありません。
　したがって、私は、これからの学校教育は学習塾など学校とは異なる角度から子供たちと向き合っている方々とのパートナーシップが必要だと感じています。しかし、両者の社会的・制度的な役割は明らかに違います。学習塾は本人や保護者から希望する中学校や高校、大学への合格を請け負っています。1点でも1分でも多く得点させ合格させることが目的ですから、合格へのショートカットに子供たちを導くのが使命であり、子供たちのやる気を引き出すために、ありとあらゆる努力をしています。その努力については学校教育も見習うべきところが少なくないと思っていますが、学習塾の使命を

果たすべき相手（名宛人）は、保護者や本人であって、それ以外は関係ありません（だからこそ、学習塾の関係者のなかには、この指導であの子供は希望する学校に合格はできるだろうが、それが彼・彼女の自立のためになるのだろうかと悩んでいる方もいらっしゃって、その誠実さに心から敬意を抱いています）。

　他方で学校は、第2章でも触れたようにその目的は教育基本法や学校教育法などの法律に規定されています。つまり、学校は保護者や本人だけではなく、法律という国民の意思に基づいて国民に託された使命を国民に対して果たすという構造になっています（だからこそ、国公私立を通じ公費が投入されていると申せましょう）。たとえば義務教育については、①各個人の有する能力を伸ばしつつ社会において自立的に生きる基礎を培い、②国家及び社会の形成者として必要とされる基本的な資質を養うという二つが目的です（教育基本法第5条〈28頁〉）。希望する学校に合格させることはこの目的にとって一つの重要な手段ではありますが、しかし手段です。子供たちが学んだことを学校に合格するための手段として使うだけではなく、より善く生き、より良い社会にするために活かそうという態度をはぐくむ責任が学校にはあります。

「きれいごと」と思われるかもしれませんが、そうではありません。公立の小・中学校等には国・都道府県・市町村合わせて毎年10兆円規模の公費を投入しています。学習塾においては、本人や保護者は「お客様」ですが、学校教育は国民が法律というかたちで使命を明確に定め、それを実現するために毎年多くの公費を投じているという意味において、国民全体や未来社会に対して責任を負っています。しかし、だからと言って、教師が顔の見えない国民全体の意思は捉えようがないから自分たちのやり方でいいのだと開き直ったり、目の前の子供たちや保護者の進学希望に応えずそれらを等閑視したりしてよいというわけではありません。法律に規定された目的（社会的な自立など）を実現するために、本人や保護者の意向も踏まえつ

つ、どのような学習活動が重要かと専門性をもって示すことが学校には求められています。

　このように、多様な指導方法が互いに刺激し合い、切磋琢磨しながら進化し続けるとともに、学校や教師はこのようなさまざまな指導方法のなかで目の前の子供たちに最もふさわしいのはどれかと、専門性をもって判断をしなければなりません。そのためには、第3章で見たとおり、当代随一の有識者の440時間を超える中教審の審議を経た知恵の結晶である学習指導要領を「使いこなす」ことが必要です。

　以下では、学習指導要領を「使いこなす」ためにどんな仕組みがあり、実際にどんな取り組みが可能なのかについて考えてみましょう。

●学校の教育課程を支える仕組み

　73頁のとおり、平成29 (2017) 年改訂により学習指導要領の総則に「カリキュラム・マネジメント」が明記されました。カリキュラム・マネジメントとは、具体的には、

(1)　児童・生徒や学校・地域の実態を適切に把握し、教育内容を教科等横断的な視点で組み立てること、

(2)　教育課程の実施状況を評価してその改善を図ること、

(3)　教育課程の実施に必要な人的または物的な体制を確保しその改善を図ること、

です。このそれぞれについて、学校における教育課程編成を支える仕組みを見ていきましょう。

　まず、主として(1)を中心に、教科教育の専門性の観点から、学校や教師の日々の教育活動を支えているのが、文部科学省の視学官・教科調査官や教育委員会の指導主事です。これらの専門家集団は、学習指導要領改訂に関する440時間の議論を経た知恵の結晶と各教

科等を結びつけ、各教科等の文脈で学校の教育課程編成を支援する役割を担っています。

　私は、平成20（2008）年改訂と平成29（2017）年改訂の二度にわたって視学官や教科調査官と対話し、熱い議論を重ねながら一緒に仕事をしました。各教科等という入口から学習指導要領改訂について知るには、最も有効な情報と知恵を持った専門家集団だと思っています。他方、各教科調査官等の説明は自らの職務に忠実になろうとすればするほどどうしてもそれぞれが担当している各教科等の文脈が前提になり、必ずしも教科横断的な視点が十分ではありませんでした。また、自分自身が一人の教科研究者として有効だと考える特定の指導方法を文部科学省として推進しているかのように誤解されかねないかたちで説明する教科調査官がこれまで皆無ではありませんでした（もちろん、ほとんどの教科調査官等は公的な立場と自らの考えを分けて誠実に説明しています。むしろ深い勉強なしに法令や行政文書の文字面だけをなぞって説明する文部科学省の行政職員の方が問題だと自省をこめて考えています）。そのため、教壇に立つ先生方には教科調査官等の指導・助言を自らの教育実践を改善するためのアドバイスとして主体的に受け止めていただきたいと思っています。

　なお、教科横断的な学びについては、77頁で触れたとおり、学習指導要領解説（総則編）に、主権者・消費者・法・知的財産・海洋・環境などの個別のテーマに関する教育について、各教科等でどのような指導を行っているのかの一覧表を掲載しています。また、主体的・対話的で深い学びの実現のための授業改善や道徳教育の質的転換、外国語教育の充実、特別支援教育における支援教材の共有のために、教職員支援機構や国立特別支援教育総合研究所、文部科学省のホームページにおいて、質の高い授業の動画や指導案などをアーカイブにして掲載しています。このように、国の機関から直接学校や教師に発信・共有するという取り組みも進んでおり[35]、これからの

110

文部科学省の発信の在り方として重視したいと思っております。

　なお、教科書や教材の改善・充実も重要です。新任の教師であっても教科書を理解し、それを活用して教育活動を展開すれば、我が国の学校教育の大きな蓄積を引き継ぎ、その教科の本質や見方・考え方を働かせて考えることの意味を子供たちと共有することができる——そのための教科書や教材の改善は重要なポイントであり、教科書会社や教材会社の積極的な取り組みを期待しています。

　(2)の学校における教育課程の実施状況の評価に当たって大きな役割を果たしているのが、全国学力・学習状況調査です。また、第7章で触れるとおり、とくに普通科高校については、事実的知識を文脈に関係なく多肢選択式で問う大学入試に対応するためには、教科固有の見方・考え方を働かせて考える学びよりも知識再生型の反復学習を重視せざるを得ませんし、入学者選抜で学力を問わない大学の存在は高校生の学びのインセンティブの底を抜けさせており、偏差値45 〜 55のボリュームゾーンの高校生の学校外の学習時間は、平成8（1996）年以降現在に至るまで平成2（1990）年の水準から大きく低下し回復していません。[36]記述式問題も取り入れ、思考力を問う「大学入学共通テスト」（令和2〈2020〉年度から実施）や高校での学びの伸びを可視化し基礎学力の確実な習得を図るための「高校生のための学びの基礎診断」（令和元〈2019〉年度から実施）の導入を柱とする高大接続システム改革が行われているゆえんであり、高校生の学びの質と量を充実させるためのこれらの改革は、高校において教育課程の実施状況を評価し、それを改善に活かすことにつながります。

　なお、全国学力・学習状況調査については、今、それが導入された原点に立ち返る必要があるのではないかと思っています。自治体によっては、他の自治体との平均正答率が1％以下の水準であっても高いとか低いとかで一喜一憂し、教育委員会が発破をかけている

ところもあるとお聞きします。

　これまで述べてきたとおり、義務教育の大きな目的は子供たちの社会的な自立です。そのためには、情報を正確に理解したり、教科固有の見方・考え方を働かせて考えたりすることが必要です。そのことを前提に、全国学力・学習状況調査の制度設計について議論した「全国的な学力調査の実施方法等に関する専門家検討会議」（梶田叡一先生が座長）が平成18（2006）年4月にまとめた報告書は、調査の目的を、

①国の責務として果たすべき義務教育の機会均等や一定以上の教育
　水準が確保されているかを把握し、教育の成果と課題などの結果
　を検証すること

②教育委員会及び学校等が広い視野で教育指導等の改善を図る機会
　を提供することなどにより、一定以上の教育水準を確保すること

と明記しました。このように、全国学力・学習状況調査は、一人ひとりの子供たちをしっかり支える大人（文部科学省、教育委員会、学校）に対して、日頃の教育活動の成果と課題を把握し、具体的な改善につなげるためのデータやエビデンスを提供するために行われています。したがって、1％以下の水準で正答率が高い低いと一喜一憂して「とにかくがんばれ、正答率を上げろ」と発破をかけるのではなく、子供たちの具体的な回答やその傾向などから見取ることができる学びの現状と課題をしっかりと受け止め、必要ならば課題がある学校や子供たちを支えるための追加の支援やリソースの再配分をすることが重要だと思っています。

　言うまでもなく、子供たちの学力は単に本人ががんばれば上がるという単純な話ではない側面が多くあります。学力は子供たちの心の安定や落ち着き、日々の生活と密接にかかわり、影響しています。「早寝・早起き・朝ごはん」運動に対して、これらの生活習慣と学力との間に統計学的な相関関係はないと切り捨てる研究者の方もいま

すが、これらの生活習慣が子供たちの心の安定や落ち着きを支えていることや、気持ちの落ち着きが学力の水準や質に影響していることは、教壇に立つ先生方のいわば経験則上の常識だと思います（個人的には我が国の人文・社会科学の研究者の方々には、これらの「常識」を科学的な手法で覆すという段階にとどまらず、現在の社会的な諸条件のなかで子供たちの自立に向けて大人がどう行動することが適切なのかを責任を持って示すという姿勢を持っていただきたいと思っています）。

したがって、地域や家庭・子供の状況などによっては、「がんばれ」と叱咤激励するだけではなく、子供たちが「がんばろう」と思え、その努力が成果に結びつくための社会的な支えが必要です（**図14**）。

文部科学省はこれまで、全国学力・学習状況調査でとくに厳しい結果となっている学校に対して300人の加配定数を確保し支援しています。また、政府全体として、子供たちの学びへの意思が経済的な理由で阻害されることのないよう、幼児教育の無償化、義務教育段階の就学援助、私立高校授業料の実質無償化、高等教育段階の教育費負担軽減とすべての学校段階を通じた支援の充実を図っています。都道府県や市町村においてもこれまで以上に、全国学力・学習状況調査において各学校や子供たちの課題をしっかり見取り、その解決のためにどのような新たな支援やリソースの再配置が必要かを検討し、優秀な教職員や個別指導を行う学習指導員、常勤のスクールソーシャルワーカーといった専門スタッフを学力から見て厳しい状況にある学校に配置するといった支援をしていただきたいと思っております。

学校や教師のなかには、学力調査で見取れる学力は子供たちの資質・能力の一部に過ぎないので、どんなに課題が浮き彫りになっても対応しないと開き直る向きもないではありません。他方、首長や教育委員会の指示で1点でも1分でも正答率を上げることが目的化して事前に問題演習を繰り返す学校もあるとすれば問題です。どち

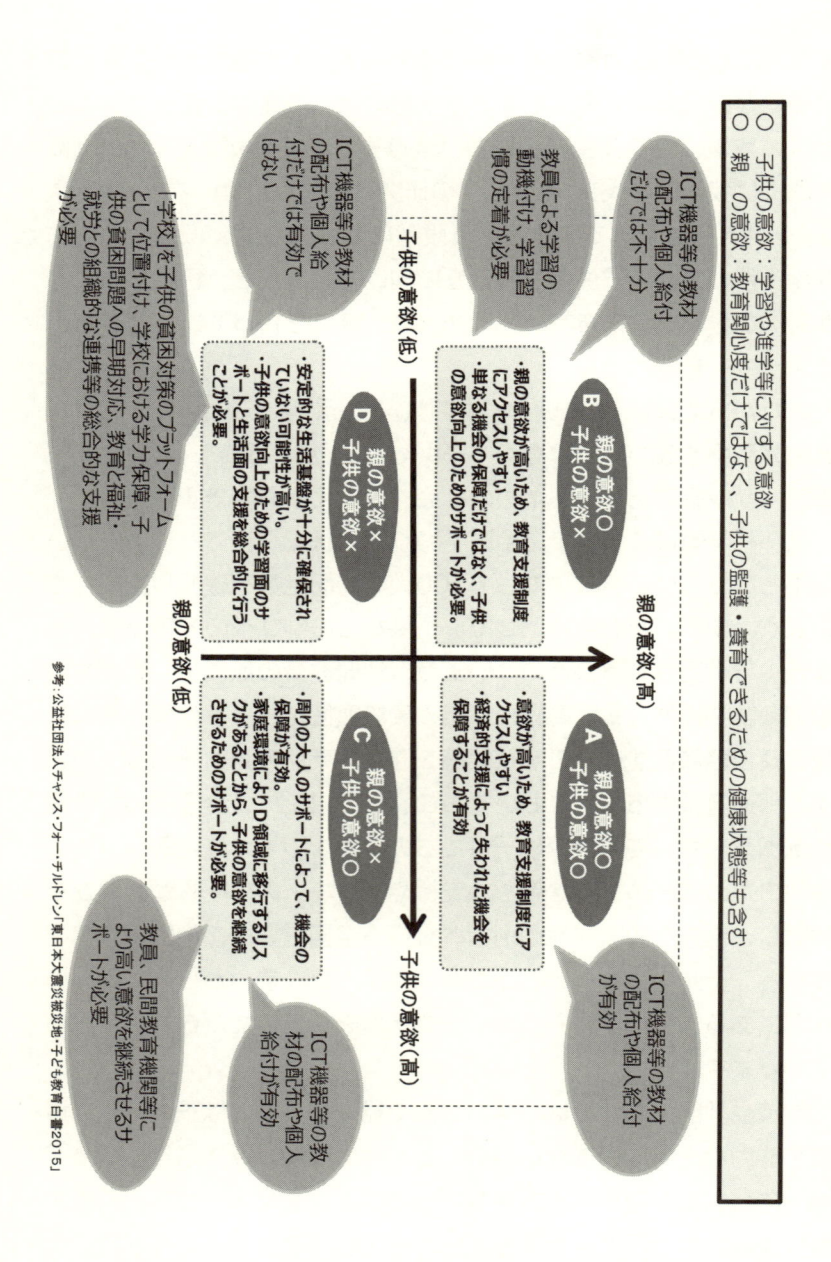

図14 「子供の意欲」「親の意欲」の分類別、貧困による教育格差の課題

らも大人の都合を優先して、子供たちの自立という学校教育の目的を見失っていることには変わりありません。目の前の子供たちの社会的な自立に必要な学力を確実に定着すべく日々の教育活動の充実に努め、全国学力・学習状況調査の結果は子供たちや指導方法の課題を見出し改善するとともに、新たな支援策の充実につなげることが重要です。

その観点からは、たとえば埼玉県の取り組みは参考になります。[37] これまで教育界において、全国学力・学習状況調査については、高い成果を上げている富山県や福井県、秋田県などにおける具体的な指導方法に学べという声が強くありました。このようなケーススタディも重要だとは思いますが、これらの自治体に共通する学校や地域・家庭における文化的凝集性と学力調査の結果は関連しているといった指摘を踏まえると、より多様性の高い教員文化や地域性を持つ学校において、富山県などにおける具体的な指導方法がそのまますべて参考になるとは限りません。他方、埼玉県のように、学力調査の結果を構造的に捉えて子供たちの資質・能力を分析し、その分析を踏まえた指導方法の取捨選択、工夫改善を行うことによって子供たちの成長を促すための改善サイクルを確立するという取り組みはより普遍的な意味を持っているのではないでしょうか。

(3)の人的な体制の確保のための仕組みは、小・中学校等の校長や教頭といった管理職、教諭、養護教諭、栄養教諭、事務職員といった学校の基幹的職員を配置し、その給与の3分の1を国が負担する義務教育費国庫負担法や義務標準法がその根幹です。教師の資質・能力を支える教員養成課程や教職員免許制度、教員研修なども大きな役割を果たしています。また、スクールカウンセラーやスクールソーシャルワーカー、学習指導員や部活動指導員などの外部人材の活用も進んでおり、それを支える予算も重要です。

本来、市町村立の小・中学校に関するコストは設置者である市町

村が負担するのが原則です（学校教育法第５条）。しかし、市町村立の義務教育諸学校の教職員の人件費は、都道府県・政令市が３分の２、国が３分の１を負担しています。これは、学習指導要領とともに、全国どこであっても一定の教育水準を維持し、すべての子供たちの可能性と未来社会を創造する仕組みとなっています。この仕組みは、大正７（1918）年の市町村義務教育費国庫負担法を嚆矢とし、戦後の一時期廃止されたものの、昭和28（1953）年の義務教育費国庫負担法の制定、昭和33（1958）年の義務標準法（公立義務教育諸学校の学級編制及び教職員定数の標準に関する法律）の制定により、現在に至っています。

この二つの法律により、戦後「すし詰め教育」などと批判された学級当たりの児童・生徒数を50人→45人→40人と縮小させるために教職員定数の計画的改善を行い、教育条件は大きく向上しました（平成29〈2017〉年５月現在、公立小学校〈単式学級〉の１学級当たりの児童数は27.6人、公立中学校は32.0人）。

この教職員定数の改善については、平成29（2017）年に義務標準法が改正され、一部の加配定員の基礎定数化による教職員定数の充実が行われました。これは、第７次定数改善計画を策定した平成13（2001）年以来、実に16年ぶりの計画的な教職員定数の充実です。その結果、障害に応じた特別の指導（通級による指導）、日本語能力に課題のある児童・生徒への指導、初任者研修等のための基礎定数を新設することにより、教育委員会や学校が長期的な見通しをもって教員配置や環境整備を行うことができるようになりました。

令和元（2019）年度予算においては、外国語教育の充実により授業時数が増加する小学校中・高学年について、授業時数が増加しても勤務時間増とならないよう、英語についての専門性を持つ専科教員を1,000人確保するなど1,456人の教職員定数の改善を盛り込んでいます。

なお、このように国がその給与の３分の１を負担する教職員数は、

義務標準法の規定により児童・生徒数をもとに算定されますが、具体的な配置や校内の役割分担については、後述するように教育委員会や校長の判断で柔軟に決められる仕組みとなっています。

　また、第6章で触れるように、学校や教師の業務を①本当に学校が担うべき業務か、②学校が担う業務であっても専門職としての教師が担うべき業務か、③教師が担うべき業務であってもサポートスタッフや専門スタッフとの連携により効率化できるのではないか、という三つの観点から見直し、学校における働き方改革を進める必要があります。令和元（2019）年度予算にも、スクールサポートスタッフ（3,600人）や部活動指導員（9,000人）を配置するための経費を計上しました。これらの予算は、これまでの経緯や教科や校務の縦割りの構造にとらわれることなく、教師の業務を確実に軽減し、我が国の学校教育のよさや大きな蓄積に真正面から向き合う時間を確保することにより、教育の質の向上を図るためにこそ投入することとしています。

　物的な体制を支える仕組みとしては、公立学校施設整備費負担金等や教科書無償制度をあげることができます。他方、学校のICT化や教材整備などは地方財政措置がなされており、知事や市町村長が地方財政措置を活かして学校環境を整備することが求められています。

●学習指導要領を「使いこなす」こと

　次に、学校において目の前の児童・生徒の状況に応じた特色ある構想について6つの具体例に即して考察するかたちで、学校や教師が、学習指導要領をはじめとする教育課程行政の仕組みを「使いこなす」ことの意味について考えてみたいと思います。

　第一に、小学校において、児童の多くが十分な語彙力がなく、そ

の確実な習得や語彙を表現に活かして考える学びの充実のためには国語の授業時数だけでは足りないため、国語の一部と総合的な学習の時間を統合した独自の教科「語彙科」を創設することは、教育制度上可能でしょうか。

　これは、教師や校長のみの判断ではできませんが、設置者である教育委員会と相談のうえ、32頁の学校教育法施行規則第55条の2の規定に基づく「教育課程特例校」の申請を文部科学省に行い、学習指導要領に定める指導内容を押さえていると確認されれば可能です。東京都世田谷区や佐賀県鳥栖市の教科「日本語」、東京都品川区の「市民科」など教科等を組み換え、独自の教科を教育課程上位置づける取り組みは実際に各地で行われています。

　第二は、中学校の社会（歴史的分野）において、今なぜこのような時代を生きているかを生徒に深く考えさせることを目的として、まず現代について扱い、現代から時代をさかのぼって歴史を指導することはどうでしょうか。

　第2章で触れたとおり、各教科等の指導の順序について工夫を行うことは学校や教師の判断で可能です。もちろん理数教育の一部のように、教育内容の系統的な理解のために指導の順序が決められているものもありますが、この歴史的分野に関する具体的な事例については、平成2（1990）年5月30日の参議院予算委員会で当時の菱村幸彦文部省初等中等教育局長が可能である旨答弁しています。

　第三は、小学校の計算力や漢字、読解力の習得について、市区町村における教材の統一と指導方法の研修を通じ、指導方法が目指す目的などの趣旨や指導方法の意味などについての認識を共有しながら、市区町村内のそれぞれのクラスで同じ教材を使って、足並みをそろえて指導することはどうでしょうか。他方、中学校の数学において、AIを活用した学習ソフトを活用して個々の子供たちの習得の

状況に応じた個別性の高い学びを行いつつ、探究学習を充実させることは可能でしょうか。

　もちろん、これらの取り組みについては何の制約もなく、したがって特段の手続きなどなく可能です。前者は陰山英男先生が福岡県飯塚市や田川市で行っている実践で、教育長から市長になった片峯誠飯塚市長の決断と手厚い支援により、飯塚市の子供たちの学力は急速に改善されています。後者は、工藤勇一校長が千代田区立麹町中学校で行っている実践で、株式会社COMPASS（神野元基代表）のQubena（キュビナ）というソフトを活用しています。このような取り組みを進めるためにも、117頁のとおり、学校のICT化を知事や市町村長の権限と責任により強力に進める必要があります。

　第四は、小学校において、3年生から6年生にかけて社会や理科、図画工作、体育、音楽、家庭科などについては教科担任制を導入するとともに、学級担任も複数担当として教育を充実させ、結果として小学校の学級担任も学期中に年休が取得できるように工夫することはどうでしょうか。また、中学校において、宿題や固定した学級担任、中間テスト・期末テストを廃止したり、生徒の話し合いの結果体育祭の「クラス対抗」を廃止したりすることはどうでしょう。

　これも学校の判断で実施可能で、前者は横浜市立北山田小学校において板倉千鶴校長が学校内の教職員の配置を工夫することによって行っている実践です。後者は、麹町中学校の工藤勇一校長の取り組みです。これまで「当たり前」だと思ってきた学校の基本的な仕組みは、校長の判断と責任で変えられます。校長や教師が目の前の子供たちの自立のために専門性をもって判断ししっかりと説明したことは、子供たちや保護者・地域社会に十分理解されることを板倉校長や工藤校長の実践は示しています。

　第五は、小・中学校において、義務標準法の学級編制とは別に、

知識の習得・活用・探究といった授業内容によって、少人数の授業編成としたり、学年や学校を越えた大人数で授業したりと教育内容に応じて学習集団を編成することです。

　これは、宮崎県五ヶ瀬町において、日渡円教育長（当時。現滋賀県大津市教育委員会教育長）が教育長としてリーダーシップを発揮して導入した「G授業」の取り組みです[39]。学校内のリソースを活用した学習集団の柔軟な編成については校長の判断でできますし、学校を越えて学習集団を編成したり、教員を追加で配置したりして取り組む場合には、内容に応じて教職員の任命権者である都道府県教育委員会の支援を得ながら、市町村教育委員会の判断において行うことが可能です。

　第六は、中学校のなかに不登校生徒のための「居場所」「常駐の教師」「その生徒にあったカリキュラム」を備えた「フリースクール」を設けることはどうでしょうか。

　これは横浜市立中川西中学校において、平川理恵校長（当時。現広島県教育委員会教育長）が取り組んだ教育実践です[40]。平川校長は、学校内の教職員の配置を工夫することによって「学校内フリースクール」の設置を実現しました。このような方法であれば、校長の判断で実現可能です。平川教育長は、広島県においてオランダのイエナプランを参考にした学校創りを進めています。

　学習指導要領をはじめとする教育課程行政の仕組みは、教育の質の全国的な確保という共通性と児童・生徒や地域に応じた創意工夫に基づく多様性を両立させるための仕組みです。この仕組みのなかで教育活動を行うことにより、国民や住民に対する説明責任を果たして公教育の信頼を得ながら、公教育への支援を確保することが可能となります。

　また、学習指導要領は、これまでも述べてきたように、教育学の

研究者や教育関係者だけではなく幅広い有識者による440時間を超える審議を経て改訂されています。学校や教師には、学習指導要領をよく理解し、「何をしなければならないのか」「何ができるのか」を見極め、自らの構想力を高め、実現するための素材として学習指導要領をはじめとした教育課程行政の仕組みを「使いこなす」という視点をもつことが求められています。

　このような観点から、教育課程について「何をしなければならないのか」「何ができるのか」を捉え直すうえでの参考となる考え方を整理すると、以下のようになると思います。各教育委員会や学校における検討に当たっての「補助線」として参考にしていただければと思います。

☑　「何をしなければならないのか」については、学習指導要領に定めている内容事項は指導しなければなりません。たとえば、中学校理科の「生物の種類の多様性と進化」を自分の考え方と違うからとか時間がないから教えないなどというわけにはまいりません。しかし、学習指導要領「第1章　総則」の「第2　教育課程の編成」にあるとおり、学習指導要領が示したもの以外の内容を加えて指導したり、単元のまとまりを見通して特定の内容に思い切って重点を置いて指導したり、指導の順序を組み替えたりするなど児童・生徒の実態に即した工夫が可能になっています。学習指導要領の総則は、先生方にとって縁遠い規定かもしれませんが、「何ができるのか」の大事な判断材料を示しています。

☑　「何をしなければならないのか」「何ができるのか」の判断に当たっては、第2章で述べたとおり、法令のなかでも国民の意思であり、最も重要な「法律」の趣旨を踏まえることが重要です。たとえば、教育基本法第5条に義務教育の目的として規定されている子供たちの社会的自立にとって必要かどうかは、具体的な教育活動の在り方を決めるうえで最も重要な判断基準でしょう。政令、

省令、告示（学習指導要領）、通知といった国の文書を一律に同じ平面で捉えて理解するのではなく、学習指導要領を理解するうえで、教育基本法や学校教育法の趣旨に立ち返ることが回り道のようでも、学校の取り組みについて地域や保護者の理解を得るうえでも近道になると思います。[41]

☑ 法令はプログラミングと同じで、100年後であってもコード（法令を作成・解釈するうえでのきまり）を知っている人が読解すれば、同じ解釈に至るように工夫されています。ご関心のある方は、186頁の参考図書に上げた吉田利宏『新　法令用語の常識』や『新法令解釈・作成の常識』などをご覧いただければと思いますが、たとえば、「その他の」と「その他」では法令用語としては意味が異なります。中学校学習指導要領の社会の内容事項に「縮尺の大きな地図や統計その他の資料」という規定があります。この場合、「縮尺の大きな地図や統計」は「資料」の例示ですから、これ以外でも教材としてふさわしいものであればこの「資料」に該当します。他方、学校教育法施行規則第79条の2は、「義務教育学校の前期課程の設備、編制その他設置に関する事項」という規定があります。この場合は、「設備」「編制」は「その他設置に関する事項」の例示ではなく、この三つは並列の形で規定されています。つまり、「A、Bその他のCをしなければならない」と規定している場合は、必ずしもAやBでなくてもCに該当する行為をすればいいのですが、「A、Bその他Cをしなければならない」とある場合には、AもBもCもすべてしなければならないということになります。「の」が入るだけで意味がずいぶん変わってくるため、分かりにくいと思われると思いますが、このような解釈上のきまり（コード）があるので正確で安定した解釈が可能になっています。法令を一種のプログラミングだと思って接していただくと、立案者や立法者の意図をよりクリアに把握できると思います。

☑ 特色ある教育課程を編成するに当たっては、教育委員会や校長

の判断で教職員を柔軟に配置することが可能です。国がその人件費の3分の1を負担している教職員数は各学校の学級数を基礎に算定していますが、実際に各学校に教職員をどう配置し、学校内において教職員の間でどのような役割分担をするかは、横浜市立北山田小学校、千代田区立麹町中学校、宮崎県五ヶ瀬町、横浜市立中川西中学校の取り組みのとおり、教育委員会や校長が決めることができます。

☑ 「何ができるのか」にとって重要な学校の施設整備、たとえば空調、洋式トイレ、ネットワーク環境を含めたICT環境の整備、学校図書や教材の整備などは、設置者である地方自治体の首長の判断と権限で行う仕組みになっています。市町村長は、教育だけではなくインフラ整備や社会保障などさまざまな分野についての予算要望に優先順位（プライオリティ）をつけて判断しなければなりません。そのためには、文部科学省としても公立学校施設整備費負担金による支援を行うとともに、学校環境の整備の必要性や重要性は市長会などに引き続きしっかりと働きかけてまいります。しかし、何より教育委員会が総合教育会議といった場を活かしながら、首長に対して学校環境の整備を貪欲かつ積極的にアピールし、理解を得ることなくしては予算は確保できません。文部科学省ではホームページ上で各市町村の学校ICTや学校図書の整備状況を公表しています（令和元〈2019〉年度からは教材についても調査の予定です）ので、活用してください。なお、178頁で触れるように政府の教育再生実行会議第11次提言は学校ICT環境の飛躍的整備を求めており、文部科学省としても取り組みを進めることとしています。

☑ 新聞やテレビなどのメディアにおいて、学校の感覚からすればエッと驚くような教育行政に関する報道がなされることがあります。文部科学省としては、正確で丁寧な説明をメディアの方々にするように努めておりますが、意思疎通が十分でなかった場合な

どに内容や趣旨、ニュアンスが必ずしも正確でないまま報道されることは皆無ではありません。そのような場合には、文部科学省のホームページなどで法令や通知そのものに当たって確認いただくことが、これも遠回りのようで正確な理解の近道です。文部科学省も政策文書をリアルタイムでホームページなどにアップするように努めてまいります。

　たとえば、平成31（2019）年3月29日に文部科学省初等中等教育局長通知が発出されました。[42] 平成30（2018）年度の教育課程編成・実施状況調査の結果を示しつつ、教育課程の編成は時間や教師のマンパワーといった資源（リソース）をどう配分するのかそのものですから、①たとえば、基礎学力の向上のために全員必修のコマ数を上乗せする計画を立てている学校にあっても、教師のマンパワーを踏まえ、コマ数を上乗せする方法だけではなく、しっかり支える必要がある子供たちへの補習を実施するといったやり方も考えられるのではないかなど、より効果的で無理のないかたちでの教育活動の実施を検討・工夫いただくこと、②災害やインフルエンザによる学級閉鎖などがあったら、子供たちへの指導はしっかり行っていただくにしても、どうしても標準授業時数に達しない場合は下回っても大丈夫であること、を改めて示した通知でした。しかし、一部に「教育課程編成について週31コマまでという上限を新たに設定」「スタート目前の新学期の教育課程を見直すことを3月末になって指示」といった報道がなされたため、学校に大きな動揺が走りました。
　しかし、通知自体をご覧いただければ、上記の趣旨はお分かりいただけると思います。また、教育課程編成に当たって、学習指導要領や標準授業時数は上限であり下限でもあるなどとかつて文部省は説明してきましたが、平成15（2003）年の学習指導要領の一部改正で下限であるという基準性を明確にしました。この基本的な考え方

は全く変わっておりませんし、事実関係を説明したり法令の解釈を示したりする通知でこのような学習指導要領の基本的な性格に変更を加え、教育課程編成の上限を設けることはありません。

〈注〉

34　中央教育審議会の「今後における学校教育の総合的な拡充整備のための基本的施策について（答申）」（昭和46〈1971〉年6月11日）。学校教育全般にわたって豊富なエビデンスやデータに基づいた改革構想が盛り込まれており、大きな現代的意義を持つ答申。文部科学省のホームページに掲載。

35　たとえば、文部科学省のホームページ上の「道徳教育アーカイブ」（https://doutoku.mext.go.jp/）、Youtube文科省チャンネル上の「外国語教育はこう変わる！」シリーズ（https://www.youtube.com/user/mextchannel）、独立行政法人教職員支援機構のホームページ上の同機構次世代教育推進センターの「授業実践事例」（https://www.nits.go.jp/jisedai/）、国立特別支援教育総合研究所のホームページ上の「支援教材ポータル」（http://kyozai.nise.go.jp/）などをあげることができる。

36　ベネッセ教育総合研究所「第5回学習基本調査」2015年。

37　竹下郁子「ＯＥＣＤや大企業も注目する埼玉県学力調査——伸び率で評価、教師の指導にも一石」（東洋経済オンライン　https://www.businessinsider.jp/post-181590）。大江耕太郎・大根田頼尚「埼玉県が進める『新学力調査』は何が凄いのかビッグデータでわかる良い教師の条件とは？」（東洋経済オンライン　https://toyokeizai.net/articles/-/220442）

38　世田谷区教育委員会教育長として、世田谷区において教科「日本語」を導入した若井田正文氏が、その導入の意図やプロセスを語ったものとして、『交詢雑誌　第543号』財団法人交詢会、2010年8月。

39　五ヶ瀬町教育委員会「五ヶ瀬教育ビジョン」（https://cms.miyazaki-c.ed.jp/ssc025/htdocs/）

40　平川理恵『クリエイティブな校長になろう』教育開発研究所、2018年。

41　法律の趣旨を理解するためには、法律の一つひとつの条文について解説を加えた「逐条解説（コンメンタール）」が参考になり、例えば、
　　● 教育基本法研究会編『逐条解説　改正教育基本法』第一法規出版、2007年
　　● 鈴木勲編『逐条　学校教育法　第8次改訂版』学陽書房、2016年
　　などが刊行されている。

42　平成31（2019）年3月29日付け30文科初第1797号「平成30年度公立小・中学校等における教育課程の編成・実施状況調査の結果及び平成31年度以降の教育課程の編成・実施について」（文部科学省初等中等教育局長通知）（http://www.mext.go.jp/b_menu/hakusho/nc/1415315.htm）

6 2017年改訂と 学校における働き方改革

働き方改革をどうとらえるか、
文部科学省として
どう進めるか

●学校の持続可能性のための働き方改革

　文部科学省は平成31（2019）年3月に、学校に
おける働き方改革に関するプロモーション動画を
リリースしました。さまざまな立場の13名の方々
が、なぜ今学校における働き方改革が必要か、ど
んな取り組みが有効かなどについて語った動画
で、公表以降3ヵ月で約3万回以上視聴されました。ぜひ一度ご覧
ください。

　このプロモーション動画のとおり、今回の働き方改革は、このよ
うな我が国の学校教育の蓄積と教師が真正面から向き合う時間を確
保し、教育の質を維持・向上させながら学校の持続可能性を確立す
ることを目的としています。その意味では、第1章で触れた「創造性」
と「社会的公正」が両立する未来社会の創造にとっても不可欠な取り
組みです。

　もちろん、学校における働き方改革は特効薬のない、総力戦を地
道に続ける必要があるたいへんむずかしい課題であることは間違い
ありません。その総力戦のトリガーとして、中央教育審議会の審議

を踏まえ文部科学省が平成31（2019）年1月に策定した上限ガイドラインは、いわゆる「超勤四項目[43]」に該当する時間以外の在校時間も含めた教師の在校等時間の上限目安を原則月45時間、年360時間と設定しています。少なくない教育関係者が「非現実的だ」とお考えかもしれません。

この上限ガイドラインについては、このようにご理解いただきたいと思います。我が国の地方公務員は約300万人いらっしゃいますが、そのうちの3分の1の約100万人が小・中・高校等の先生方です。他方、霞が関において、財務省に行きますと「最近税務署（約5万人）の職員の採用に苦労している」「税関職員（約1万人）もそうだ」という話を聞きます。警察庁に行きますと、「警察官（約30万人）の人材確保に苦労している」と言われます。このように、教師だけではなく、我が国においてパブリックセクターを含めて全般的にかなり深刻な人手不足が生じています。

そのなかで、働き方改革推進法において企業で働いている方々については罰則を伴うかたちで原則月45時間、年360時間という時間外勤務の上限が設けられ、とくに大企業は平成31（2019）年4月からこの仕組みがスタートいたしました。

その状況のなかで、文部科学省としては、このような働き方と大きく異なる環境の職場には人が集まらなくなるのではないかという大きな危機感を持っています。今の学校教育の高い成果は、今管理職を務めている先生方をはじめとした教師の献身的な努力の賜物であることはもちろんなのですが、今はその働き方を変えてでも学校の持続可能性を高めて、志と能力のある若い方々や教育に意欲ある教育界以外の方々に続々と教育界に入っていただき、さらに発展させなければなりません。

●教師にとっても子供にとっても　最大のリソースである「時間」

　働き方改革にとって重要なのは、「時間」は最も大事なリソース(資源)であるという認識を共有することだと思っています。マネジメントにおいてリソースとは、「ヒト」「モノ」「カネ」「情報」などと言われますが、学校における最大のリソースは「時間」。子供たちにとっても、先生方にとっても、限りある時間は最も重要なリソースです。子供のためなら、どんなことであっても、いくらでも時間を使ってよいという働き方をとにかく変えていかなくてはなりません。プロモーション動画において工藤祥子・神奈川過労死等を考える家族の会代表がおっしゃっているように、志ある教師の過労死等はその家族だけではなく、教え子である子供たちにも大きなショックとなるものであり、けっしてあってはなりません。

　そのために大事なのは、目の前の子供たちのためにどんな活動を優先するかの「プライオリティ・セッティング」です。そして、何を優先すべきかと申し上げるとすれば、教師とは授業を軸に子供たちをはぐくみ、成長させる専門職でありますから、授業の質を磨くことではないでしょうか。授業を磨いていくことに全力投球できるような環境を作ることを共通の土台にして、学校における働き方改革と教育の質の向上は両立するのだと思います。

　これは抽象的な話ではありません。小学校の先生は、あくまでも推計ですが、年間700時間程度、中学校の先生は部活動指導がありますから年間1,000時間程度の時間外勤務をされていると思われます。勤務実態調査によれば、先生方は朝、勤務時間より平均で45分早く来ていらっしゃいます。早く来られることについては、それぞれの学校や教師によりさまざまな事情があろうかと思いますが、

１日45分早く学校に来るということは年間150時間の時間外勤務をしていることを意味します。45分早く来ることを見直せば、150時間の時間外勤務の縮減につながるということであり、日々の先生方の時間の使い方の一つひとつを見直すことが求められるゆえんです。また、中学校の部活動については、部活動ガイドラインで示された活動時間の遵守で年間120時間、部活動指導員等の外部人材の活用で年間160時間の時間外勤務の縮減につながると推計できます。

　学校における働き方改革に関する中央教育審議会答申（平成31年〈2019年〉１月25日）においては、登下校時の見守り、給食費の徴収などは学校や教師でなくてもできる仕事だという指摘に加え、たとえば夏休み期間の高温時のプール指導、試合やコンクールに向けた勝利至上主義のもとで早朝などに行う練習の指導、内発的な研究意欲がないにもかかわらず形式的に続けられる研究指定校としての業務、地域や保護者の期待に過度に応えることを重視した運動会等の過剰な準備、本来家庭が担うべき休日の地域行事への参加のとりまとめや引率などは、大胆に削減すべきだと提言しています。「昨年こうだったから今年もこうやらないといけない」「地域から求められているので自分が校長の代ではやめられない」「去年の３年生が経験したのだから、今年の３年生にも経験させてあげないとかわいそう」といったお気持ちはよく分かります。しかし、これからは、貴重な限られたリソースである時間を使ってでも優先して行うべきかどうかを真正面から考え直して、大胆に削減してほしいと考えております。

　その優先順位を決める際、大きな判断基準となるのが、前述した目の前の子供たちが次代を切り拓くために求められる資質・能力をはぐくむうえで重要な教育活動かどうか、ではないでしょうか。

●「人間としての強み」を引き出す学びの充実

このように平成29（2017）年の学習指導要領改訂と学校における働き方改革で共通しているのは、子供たちが「AI時代」「Society5.0」を切り拓くうえで求められている「人間としての強み」をいかに引き出し、創造性と社会的公正が両立する未来社会を創造するかだと思います。人間としての強みは、我が国の学校教育が大事にしてきた資質・能力ですから、それを引き出すための授業改善を先生方がしっかりできる環境を作っていくうえで、「昨年もやったので、今年も行います」という思考を転換することは不可欠です。

たとえば部活動についても、少子化のなかで現在一つの中学校で部活動を維持することがなかなかむずかしくなっています。部活動の実施主体はこれから大きく変わっていくでしょう。ゆくゆくは部活動指導の実績のある教師は兼職・兼業の許可をとっていただいて、地域スポーツクラブなど学校とは別の実施主体が実施する活動の指導員として指導していただくというかたちも見えてくるのではないかと思っています。

部活動は生徒指導そのものだから、中学校教育とは切り離せないとおっしゃる先生も少なくありません。しかし、過日お目にかかったある中学校の体育教師でいらした方は、教職大学院で学位をとるために2年間部活動指導を一切やらなかったけれども、体育の授業の質をしっかり高めることにより生徒との関係は変わらなかったとおっしゃっていました。先生方の主戦場は授業ですので、この「授業の質を高める」ことが働き方改革と教育の質の向上を両立させる一つの大きなポイントです。その意味で、私自身が日々の仕事を通じて感じている先生方の授業改善に対する思いの強さは、我が国の学校教育の大事な財産だと思っています。

今後、文部科学省は、これまで以上に「これは学校や教師の仕事

ではありません」といったことを明確に発信いたします。前述のプロモーション動画や事務次官通知などによる発信、管理職や教育委員会担当者向けの動画「勤務時間管理講座」のYoutubeでの公開[44]、知事会や市長会といった地方団体、経済界、PTA、メディアなどへの文部科学省幹部による個別の働きかけなどを総出で行っています。

　これらを通じて、やめたり圧縮したりした行事などについて、地域の方や退職校長などから「前の校長先生はやってくれたのに」と言われたときに、「私だけではなく、文部科学省も思い切った行事などの見直しが必要と言っているのです」と断っていただけるようにしたいと思っています。そして、そのうえで、「この行事はやめますが、ぜひ子供たちを見てください。この働き方改革によって授業の質が高まり、子供たちは次代を切り拓くのにふさわしい力をつけています」と胸を張っていただけるように、文部科学省も学校をしっかりとお支えしたいと思って取り組んでいます。

●学校をしっかり支えるために

　学校における働き方改革を進めるためには、教職員定数の改善をはじめとした条件整備を進める必要があることがもちろんであり、116頁で触れたとおり、教職員定数の改善のほか、スクールサポートスタッフ、学習指導員や部活動指導員といった外部人材の活用にも引き続き積極的に取り組んでいます。

　また、都道府県や市町村において、働き方改革が確実に自走する仕組みを構築する必要もあり、業務改善取組状況調査等を通じて、学校における働き方改革の進捗状況を市町村ごとに把握し、公表することとしています。とくに、令和元(2019)年度から、この業務改善取組状況調査については、在校等時間を縮減できた学校の効果的な取り組みを収集し、文部科学省の職員が学校におうかがいして

その取り組みの考え方や実際を直接お聞きして優れた取り組みの横展開につながるような情報提供をするとともに、働き方改革を進めるに当たっての文部科学省に対する要望もお聞きしたいと思っております。

　また、この働き方改革の進捗状況の市町村ごとの把握・公表に加え、平成31 (2019) 年1月25日の学校における働き方改革に関する中教審答申において3年後を目途に勤務実態調査を行うことが提言されていることを踏まえた実態把握を行うこととしています。

　中教審における審議においては、昭和46 (1971) 年に制定された公立の義務教育諸学校等の教育職員の給与等に関する特別措置法（給特法）を見直し、労働基準法の原則に立ち返ってはどうかという指摘もありました。この点については、今回の審議は学校や教師の業務の適正化・明確化を進めるにはどうすればよいかが大きな目的でしたから、社会においても学校においても時間が資源（リソース）であるという考え方が確立しないまま給特法を見直し時間外勤務手当を支給することにした場合、本当に働き方改革が進むのか、また、給特法は昭和49 (1974) 年に制定された教員人材確保法[45]とセットで教師の給与上の優遇措置を定めているので、現段階の給特法の見直しは教師の処遇の改善につながらないのではないかといった観点から、まずは現在の給特法の枠組みを前提に、ガイドラインの実効性を高めて学校の業務の適正化・明確化を図ることを優先することが答申において提言されました。

　そのうえで、労働法制や教師の専門性の在り方、公務員法制の動向も踏まえつつ、教師に関する労働環境について、給特法や教育公務員特例法、地方教育行政の組織及び運営に関する法律といった法制的な枠組みを含め、必要に応じて中長期的に検討することが答申に盛り込まれています。

また、答申においては、このような労働環境に関する制度に加え、

● 　特に小学校における効果的な指導と教師の一人当たりの指導時間の改善の両立の観点からの、小学校の教科担任制の充実、年間授業時数や標準的な授業時間等の在り方を含む教育課程の在り方の見直し

● 　免許更新制がより教師の資質能力向上に実質的に資するようにすることも含め、能力が高い多様な人材が教育界に加わり、意欲的に教育活動を行うための養成・免許・採用・研修全般にわたる改善・見直し

● 　パイロット事業の成果を踏まえた新時代の学びにおける先端技術の効果的な活用と学校外の多様な主体との連携の進化

● 　「圏域」における地方公共団体の協力関係の進展状況を踏まえた教育的観点からの小規模校の在り方の検討

● 　公立学校の教師の勤務時間や労働安全衛生体制等について調査・監督する地方公共団体の人事委員会等の効果的な活用方法の検討

も今後の検討課題と位置づけられています。これは、学校における業務の適正化・明確化や給与制度等の在り方の検討に加え、教育課程や教職員配置、教員免許制度といった教育制度の根本についても大胆に見直すことが、学校における働き方改革を進めるうえで不可欠だという認識に基づいています。

●「新しい時代の初等中等教育の在り方について」の諮問

　これを踏まえ、平成31 (2019) 年4月17日に柴山昌彦文部科学大臣は中教審に対して初等中等教育制度の総合的な見直しを諮問しました[46] (図15)。

　多くのメディアは「小学校高学年に教科担任制導入へ」と報じましたが、NHKの西川龍一解説委員は今回の諮問は「学校の持続に何が

1. 新時代に対応した義務教育の在り方

○ 基礎的読解力などの**基盤的な学力の確実な定着**に向けた方策
○ 義務教育9年間を見通した児童生徒の発達の段階に応じた**学級担任制と教科担任制**の在り方や、**習熟度別指導の在り方**など**今後の指導体制**の在り方
○ 年間授業時数や標準的な授業時間等の在り方を含む**教育課程**の在り方
○ **障害のある者を含む特別な配慮を要する児童生徒**に対する指導及び支援の在り方など、児童生徒**一人一人の能力、適性等に応じた指導**の在り方　　　　　　　　　　　　　　等

2. 新時代に対応した高等学校教育の在り方

○ 普通科改革など**各学科の在り方**
○ 文系・理系にかかわらず様々な科目を学ぶことや、**STEAM教育**の推進
○ 時代の変化・役割の変化に応じた**定時制・通信制課程**の在り方
○ **地域社会や高等教育機関との協働**による教育の在り方　　　　　　　　　　　　　等

3. 増加する外国人児童生徒等への教育の在り方

○ 外国人児童生徒等の**就学機会の確保**、教育相談等の**包括的支援**の在り方
○ 公立学校における外国人児童生徒等に対する**指導体制の確保**
○ **日本の生活や文化**に関する教育、**母語の指導**、**異文化理解や多文化共生**の考え方に基づく教育の在り方　　　　　　　　　　　　　　　　　　　　　　　　　　　　等

4. これからの時代に応じた教師の在り方や教育環境の整備等

○ 児童生徒等に求められる資質・能力を育成することができる**教師の在り方**
○ 義務教育9年間を**学級担任制を重視する段階と教科担任制を重視する段階**に捉え直すことのできる**教職員配置や教員免許制度**の在り方
○ **教員養成・免許・採用・研修・勤務環境・人事計画**等の在り方
○ 免許更新講習と研修等の位置付けの在り方など**教員免許更新制の実質化**
○ **多様な背景を持つ人材によって教職員組織を構成**できるようにするための免許制度や教員の養成・採用・研修・勤務環境の在り方
○ 特別な配慮を要する児童生徒等への指導など特定の課題に関する**教師の専門性向上のための仕組み**の構築
○ 幼児教育の無償化を踏まえた**幼児教育の質の向上**
○ **義務教育をすべての児童生徒等に実質的に保障するための方策**
○ いじめの**重大事態**、**虐待事案**に適切に対応するための方策
○ 学校の小規模化を踏まえた**自治体間の連携等を含めた学校運営**の在り方
○ **教職員や専門的人材の配置、ICT環境や先端技術の活用**を含む条件整備の在り方

図15　「新しい時代の初等中等教育の在り方について」(諮問)

必要か」という危機感を伴った構造的なもので、中教審の「覚悟」が求められると解説しました。確かに、勤務実態調査において1日4時間25分教壇に立っている小学校の先生方、とくに高学年を受け持っている先生方にとって小学校高学年の教科担任制の導入は、持ち授業時間数の平準化という観点から大きな意味を持ちます。しかし、西川解説委員の解説のとおり、今回の諮問は働き方改革も含めて学校の持続可能性にかかわるものであり、教師が誇りをもって専門職としての使命に全力投球できるようにするためには抜本的な制度改革が不可欠だと考えています。

　子供たちや学校を取り巻く社会的環境の激変は、私どもの予想を越えた規模とスピードで生じています。たとえば、情報環境や家庭環境が変化し、大人自身が本来ツールである情報端末に振り回されているなか、子供たちの語彙や読解力にバラツキが生じたり、小学生の暴力行為が急増したりしていることは、60頁で触れたとおりです。

　他方、教師を含むあらゆる職業で人手不足が生じているなかでの公立学校の大量退職・新卒大量採用は、とくに小学校教員採用試験の倍率の著しい低下を招いています。具体的には、採用倍率が12.5倍であった平成12（2000）年度においては、受験者は4万6,000人で採用者数が3,700人でした。しかし、現在、教師の年齢構成はベテランと若手が多いという「ふたこぶラクダ」状態にあり（**図16**）、ベテラン教師の大量退職は、新卒大量採用に結びついています。そのため、平成30（2018）年度は、受験者数は5万1,200人と平成12（2000）年度よりも5,800人ほど増加したのですが、採用数が約4倍の1万6,000人となっていることから倍率が3.3倍まで低下しています。65歳定年を見通しベテラン教師の再任用を積極的に進めるとともに、人数が少ないミドルリーダー層を教育界外も含めて採用し、新卒採用者数を抑制しない限り、この採用倍率の

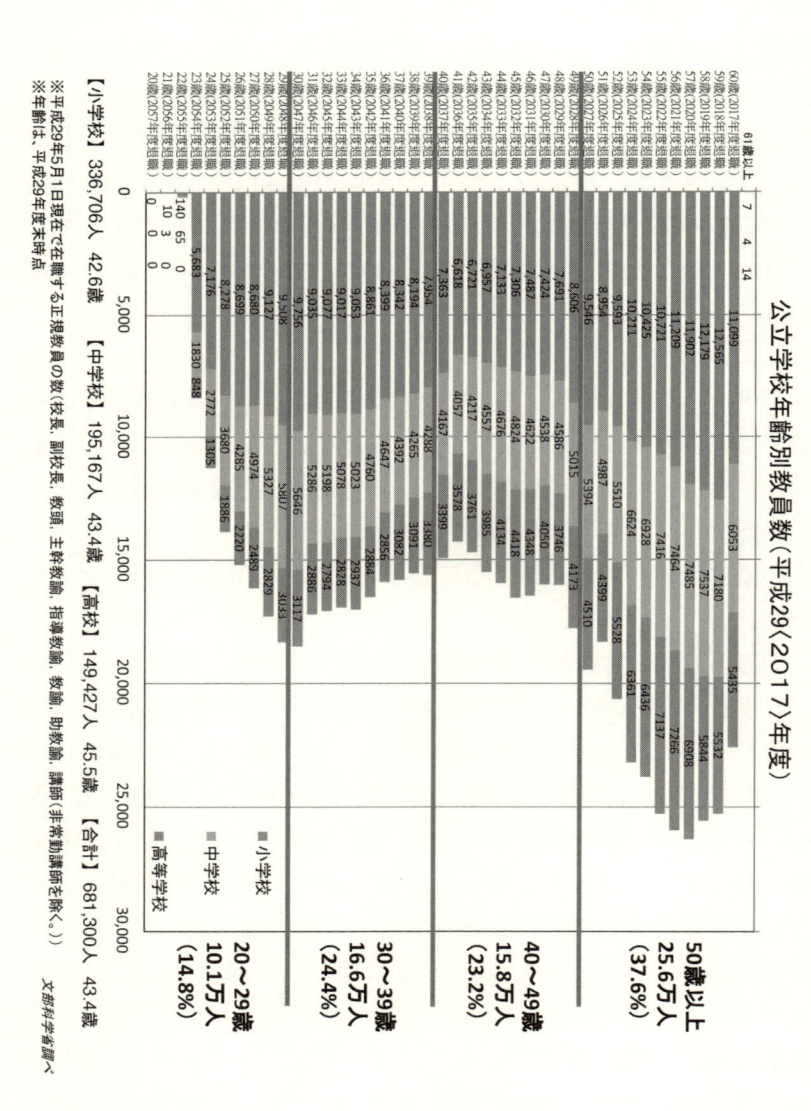

図16　「ふたこぶラクダ型の教員の年齢構成」

向上は見込めません。

　さらに、小学校高学年の子供たちの心身の発達や指導内容の高度化は、一人の学級担任がすべてを受け持つことがむずかしくなっているのではないか、少子化と過疎化による「少人数学校」は子供たちが切磋琢磨し協働する環境として適切か、といった指摘もなされています。

　このような学校を取り巻く状況に対応するためには、
○　小学校低・中学年における語彙や読解力などの確実な習得のための教育課程の重点化、
○　定数改善に加え、広域連合の活用など自治体や小・中学校を越えた教職員配置の流動化による小学校高学年の教科担任制の本格的導入、
○　教科を学ぶ意義やその本質に根ざした教職の専門性の再構築と多様な経験や職歴を持つ適任者を広く教育界内外から確保するための仕組みの確立、
などを真剣に検討せねばなりません。だからこそ、**図15**のとおり教育制度の根幹である教職員配置、教育課程、免許制度を一体的に見直し、60 〜 70年ぶりの大改革に着手する必要があり、これが今回の諮問の背景となっています。

　たとえば、教育職員免許法は昭和24（1949）年に制定された法律です。戦後の我が国の教育の在り方を議論した「教育刷新委員会」において、旧制第一高等学校の校長であり後に文部大臣を務めた哲学者の天野貞祐は「教育者は人間が誠実で学問があれば十分だ」と明言しました。師範学校に対して批判的立場をとる天野貞祐をはじめとする帝国大学関係者にとって、教員養成に特別な課程は要らないという主張は当然だったのでしょう。しかし、それに反対したのは、

連合国軍総司令部（GHQ）の民間情報教育局（CIE）でした。第一次米国教育使節団は「すべての教師は系統的な準備教育を受けなければなら」ず、その「準備教育」とは、「全般的な高等普通教育」（教養教育）、「教師として教えるべき教材についての特別な知識」（教科に関する専門的な知識）、「教師の仕事の専門的な分野の知識」（教職専門）の三つだと提言し、それが我が国の教員養成課程や免許制度のベースになっています。

それから70年経った今、前述のとおり、あらゆる職業で人手不足が生じているなかでの公立学校の大量退職・新卒大量採用は、とくに小学校教員採用試験の倍率の著しい低下を招いています。教育界には、なりふりかまわず必死に教育学部の学生を集める企業などとの「仁義なき戦い」を勝ち抜く意思と戦略が必要となっています。

だからこそ教員免許制度の見直しが必要になっているわけですが、ここで問われているのは、70年前と同様に、「教育科学的な教養」とは何かです。教職を専門職足らしめている教育科学的な教養については、半世紀前に、「教職に関する専門教育ははたして、とくに国立教員養成大学・学部の専門教育として十分に追究され確立してきたのか」「教育諸科学をはじめ教科教育や教育実習などの内実がはたして徹底的に改革されたか」と指摘されています[47]。これまで教員免許制度を前提に教員養成を行ってきた国立教員養成大学・学部は、この長年の宿題に答えることが求められていますが、中教審には現在の教員養成課程にこだわることなく、90頁で触れたように、これからの教師にとって、１コマ１コマの授業を教える主演俳優という役割だけではなく、単元をデザインする演出家や脚本家、ゲストティーチャーといった外部のリソースを活かして授業の質を高めるコーディネーターとしての役割がどんどん重要になっていますので、改めて教師とは何かの本質を踏まえた創造的な審議が期待されています。

教職員配置や教育課程も同様です。教職員配置を定める義務標準

法も小・中学校学習指導要領もともに昭和33（1958）年に制定されました。前者は、第一次ベビーブーマーが小・中学校に進学・進級することを前提に組み立てられていますから、学級規模の上限（現在であれば、小学校１年生は35人、２年生以上は40人）を規定し、41人になったら学級を二つに分けるという仕組みは、児童・生徒数が増加するなかでいかに教育条件を改善するかという発想に基づいています。

　しかし、少子高齢社会、過疎化が進む一方で、第３章で触れたようにAIの飛躍的進化のなかで学校において子供たちが対話し、切磋琢磨し、協働することが求められています。そのため、このような活動が可能な集団としての規模を社会でいかに支えるかという発想が必要になっていると思います。**図17**は、私が10年ほど前に個人的に整理した資料ですが、子供たちの身体的・生理的成熟、知的発達段階、情意面などを踏まえ、義務教育９年間を見通してどんな教育課程や教職員配置が適切なのかについては、これまでも自治体や国立大学附属学校などでさまざまな実践研究がなされています。新時代に対応した初等中等教育を確立するためには、教職員配置、教育課程、そして教員免許制度の一体的な改革が不可欠であり、これから中教審でしっかり審議いただいたうえで取り組むこととしています。

●日々の学校の業務のスクラップアンドビルド

　このように文部科学省の役割は、教職員定数の改善などの条件整備、教育課程や免許制度などの教育制度の大胆な見直し、教師に関する労働環境についての法制的な枠組みに関する中長期的な検討など法律や予算にかかわる事柄も含めて多岐にわたりますが、先生方の日々の具体的な業務の改善にかかわることも重要だと思っています。

第1類型（5－4制）	第2類型（4－3－2制）
（香川県）直島町、香川大学附属	品川区、（広島県）呉市、京都教育大学附属
【具体的な取り組み】 ○直島町（H14～16研究） ・小中9年間において、「英語科」や「表現科」（体育、図工、音楽等の一部を再編）等の教科を新設。 ・英語科、音楽科、図工・美術科、体育科、選択教科等は小6から中学校教員が指導。 ・算数・数学科で小6・中1の合同の習熟度学習・課題学習（小・中教員の連携）。 ○香川大附属（H12～H17研究） ・小3から「英語科」を導入。 ・小6は、中学と同様、50分授業とし、ほぼすべての教科等を中学校教員が指導。	【具体的な取り組み】 ○品川区（H14～19研究、H16～特区） ・9年間にわたる「英語科」や「市民科」の新設とともに、すべての教科等を三つの教育段階（4・3・2のまとまり）による9年一貫のカリキュラム編成。 ○呉市（H12～17研究） ・小中9年間において、「生き方学習」を創設。 ・国語、算数・数学、選択教科（異学年の共同学習）、英会話の時間等を中心に4－3－2のまとまりごとに重点化を図った教育課程。 ○京都教育大学附属（H15～H20研究） ・「英語科」（小1～）や「アントレプレナー」等（小5～）新設。 ・すべての教科にわたって4－3－2制のカリキュラムを編成し、京都教育大学版学習指導要領を作成。
【学習指導面における成果と課題】 ○小6と中1合同の演劇体験（表現科）、芸術系科目等は小6のA評定が増加する効果。[直島] ○算数・数学科の合同授業等により、中1ではとくに、関心・意欲が、中2では計算分野の正答率が向上。[直島] ○小6の算数の指導においては、中学校教員による概念を中心とした体系的な指導の方が小学校教員による一問一答的な指導よりも正答率が高い。理科においても、概念の理解度は中学校教員による指導の方が高い。[香川大] ●表現・処理などの学力の向上、3割の小3が否定的、時間調整の煩雑さ、小6が中学校に出向く負担。[直島] ●社会科などの教科では、「5・4制」カリキュラムの優位性の検証までには至っていない。[香川大] ●人事異動や免許制度との整合性の確保[香川大等]	【学習指導面における成果と課題】 ○算数・数学での5年制からの教科担任制等の導入により、経年的に各学年において基礎学力が向上。理数について中1段階での不安が減少。[品川] ○国語では短文づくり、短作文、辞典の活用など他校に比べ優位、算数・数学では計算能力が伸長。小5からの英会話の時間よりは中1のヒアリングが他校に比べ優位。[呉] ○小・中教員の人事交流による、指導内容や指導方法の共有の促進。[品川、呉、京都教育大] ○4－3－2制に基づく評価の在り方の研究や通知表の作成。[京都教育大] ●4－3－2のまとまりの優位性についてのデータ不十分。[品川] ●6・3制からの転入生が多くなり、補充学習や補習に学校全体で取り組む必要。[品川] ●国語8学年の小論文では他校に比べ優位性なし。[呉]
【生徒指導面における成果と課題】 ○中学校入学時の不安が低下し、域内他校と比較しても低い水準。[直島] ○小6の自発的・自治的活動の活性化、中1の上級生としての精神的成長。[香川大] ●小・中学校の校則など組織や文化の違いに児童・生徒がどう適応しているのかデータが必要。[直島]	【生徒指導面における成果と課題】 ○小学生5、6年生の中学校文化へのゆるやかな慣れ。[品川、呉、京都教育大] ○中学校生活への不安と中学校における問題行動の減少。[呉] ○生き方指導により学校に行きたくないと答える子どもが減少、失敗してもがんばろうという子どもは増加。[呉]

※○：成果、●：課題

図17　義務教育の在り方に関するこれまでの研究の成果と課題

第3類型（4－5制）	第4類型（教科ごと）
（和歌山県）橋本市・海南市・田辺市・すさみ町	鹿児島大学附属
【具体的な取り組み】 ・小中9年間を前期（小1～4）・後期（小5～中3）に分け、各教科の指導はこの区分に基づいて行う。後期からは教科担任制。 ・小1からスキル学習（ベーシック、コミュニケーション、IT、ソーシャル）および学校設定学習「夢」を新設。	【具体的な取組】 ・英語を含む各教科等について、6・3制を検証し、最も効果的な区分を設定。 ・その際、教科等ごとに問題解決能力の質的な変化が顕著な時期がどこかを見定めて教科群を設定。
【学習指導面における成果と課題】 ○小5からの教科担任は、実験・観察中心の授業でも準備時間等を確保した時間割が組みやすく指導がしやすい、専門性を生かせる授業により子供たちの興味・関心が向上したとの指摘（教員の意識調査）。 ○小・中教員の人事交流による、指導内容や指導方法の共有の促進。	【学習指導面における成果と課題】 ○教科等により、指導上効果的な区分は異なる可能性。 例えば、 ①基幹となる国語や道徳は、従来どおり6・3制。 ②社会、英語、算数・数学は、小5以上は中学校教員による指導の4・5制。 ③理科や体育は、小4以上は中学校教員による指導の3・6制。 ④音楽、図工・美術、家庭は6・3制を基本としつつ単位制を導入。 ●区分の目安となっている問題解決能力について教科等ごとの共通性や相違点等を整理する必要。
【生徒指導面における成果と課題】 ○小学校高学年の児童について、複数の教員がかかわることで一児童に対し多面的な見方が可能に（教員の意識調査）。 ●小学校高学年の児童について、教科担任制であることからかえって個々の児童の精神面での状態把握がむずかしいとの指摘（教員の意識調査）。	

※このほか、2－3－4制（北海道三笠市）、3－4－2制（宮城県登米市）、2－2－3－2制（静岡県沼津市）、5－2－2制（熊本県産山村）などが取り組まれている。

私が現在課長をしている財務課には、「校務改善専門官」というポストがあり、本書刊行時現在、横浜市教育委員会で働き方改革の担当課長を務めていた職員が就いています。このポストの仕事は、文部科学省の各局課から「こんど学校に対してこんな調査をしたいのだけれども」という相談を受けて、その調査は本当に学校にお聞きしないといけない必要性や重要性があるのか、その調査を行うかわりに縮減できる他の業務はないかなどの観点から予算の査定のように日々チェックしています。また、霞が関の各府省、地方団体、経済団体などに、たとえば、主催する作文コンクールについては原則として児童・生徒から直接申し込むなど学校の負担にならないようお願いしたり、学校の業務に対する支援や協力を求めたりしています。

　たとえば、野田市で発生した児童虐待による死亡事件を踏まえ、平成31（2019）年2月14日に政府として、各学校に14日間一度も登校していない児童・生徒等について家庭訪問など面会による確認をお願いしました。子供たちの命にかかわる事態ですからこれはどうしてもお願いしなければなりませんが、他方、年度末は、総授業時数を確保するために各学校においてさまざまな工夫がなされる時期でもあります。中学校における教職経験のある財務課の職員が、この時期に家庭訪問を学校にお願いするなら、短縮授業の実施など教師の在校等時間が増加しないような取り組みが可能であることを文部科学省として明確に発信する必要があるのではないかと指摘したことを踏まえ、教育課程課や健康教育・食育課といった関係課が知恵を絞り、緊急点検の依頼と同時に、以下のような負担軽減に関する事務連絡を発出しました（下線は筆者）。

　「児童虐待が疑われる事案に係る緊急点検」の実施に伴う学校業務の負担軽減について本日、初等中等教育局児童生徒課から関係府省との連名で依頼した「児童虐待が疑われる事案に係る緊急点検」（以

下「緊急点検」という。）につきましては、短期間でのご対応をお願いすることとなりましたが、事案の重大性に鑑み、関係各位のご理解・ご協力を賜りますようお願い申し上げます。

　文部科学省としては、<u>年度末の多忙な時期に緊急点検を実施することにより、教職員の業務負担がさらに増加することから、下記の通り業務負担の軽減策をお示しすることとしました</u>。貴職におかれては、本通知の趣旨について十分ご周知いただくとともに、下記に加えて、教職員の負担軽減に資する方策がありましたら、併せて学校に必要な指導・支援を賜りますようお願い申し上げます。

記

1．文部科学省が例年この時期に実施している調査等に関しては、以下の通り負担軽減のための配慮を行うことを検討している。

　①文部科学省がこの時期に実施を予定していた以下の調査について、実施時期の変更や提出期限の延長を行うこと

　　・「薬物乱用防止教室開催状況等調査」（がん教育実施状況調査を含む）

　　・「学校安全の推進に関する計画に係る取組状況調査」

　　・「平成31年度主権者教育の副教材『私たちが拓く日本の未来』の配付数調査」等

　②教育課程特例校など、各種研究指定校事業等の報告書のうち、年度内に提出する必要がないものについては、4月以降の提出でもかまわない旨を周知すること

2．緊急点検において教師が家庭訪問等を行う場合には、教育課程について以下の運用を行うことで、業務負担の軽減を図ることが考えられる。

　　・<u>今年度の年間授業時数が標準授業時数を大幅に上回る予定である場合には、授業時数の縮減を行うこと</u>

　　・<u>災害や流行性疾患による学級閉鎖等の不測の事態により、標準授業時数を下回る場合であっても、標準授業時数を満たす</u>

ことのみを<u>目的</u>として、年度末に授業を新たに行う必要はな
いこと

・<u>教師が全校一斉に家庭訪問等により緊急点検を行う場合には、</u>
<u>短縮授業を行うなどの時間割上の工夫を行うこと</u>

3．その他、以下のような工夫を行うことで、業務負担の軽減を図
ることが考えられる。

・緊急点検において教師が家庭訪問等を行う場合には、清掃指
導や部活動、教育課程外で行われるクラブ活動を短縮・休止
するなどして、その他の業務時間の縮減を行うこと

・例年この時期に学校が参加している地域行事について、不要
不急のものは参加を見合わせること

・職員会議等について、可能な範囲で持ち回り開催等の負担軽
減の工夫を行ったり、開催回数を減らしたりすること

冒頭に申し上げたとおり、学校における働き方改革は特効薬のな
い、予算や制度、日々の業務のスクラップアンドビルドにわたる総
力戦を地道に続ける必要があるたいへんむずかしい問題です。しか
し、平成29（2017）年の学習指導要領改訂と学校における働き方改
革はアクセルとブレーキの関係ではなく、我が国の学校教育の大き
な蓄積を受け継ぎ、持続可能なかたちで発展させるという目的を共
有しています。そのことを前提に、これから中央教育審議会で議論
を行い、小学校低・中学年における語彙や読解力などの確実な習得
のための教育課程の重点化や高学年における教科担任制の本格的な
導入、多様な経験や職歴を持つ適任者を広く教育界内外から確保す
るための仕組みの確立などを図ることにより、持続可能で質の高い
学校にしなければならないと思っております。

平成31（2019）年1月25日の働き方改革に関する中教審答申は、
「我々の社会が、子供たちを最前線で支える教師たちがこれからも
自らの時間を犠牲にして長時間勤務を続けていくことを望むのか、

心身ともに健康にその専門性を十二分に発揮して質の高い授業や教育活動を担っていくことを望むのか、その選択が問われている」と社会に問いかけています。審議会の答申としては異例のこの社会への問いかけの意味を重く受け止め、文部科学省としてまなじりを決して学校における働き方改革を進めたいと思っています。

〈注〉

43　公立学校の教育職員については、時間外勤務を命じられるのは、「超勤四項目」（①校外実習等、②修学旅行等、③職務会議、④非常災害等）に限定されるとともに、時間外勤務手当および休日給は支給せず、勤務時間の内外を問わず包括的に評価して教職調整額（給与月額の４％。期末・勤勉手当、退職手当、地域手当等にも反映）が支給されている。

44　「〜公立学校の校長先生のための〜やさしい！勤務時間管理講座」https://youtu.be/eR-DL7R_Gd0　文部科学省初等中等教育局の常盤木祐一企画官が勤務時間管理についてやさしく解説した動画。なお、常盤木祐一「学校における働き方改革の推進」（『日本教育No.487』公益社団法人日本教育会、2019年６月）においては、「各学校において働き方改革を進めるチェックポイント」が掲載されている。

45　104頁の〈注〉27で触れた「学校教育の水準の維持向上のための義務教育諸学校の教育職員の人材確保に関する特別措置法」。当時の田中角榮内閣総理大臣に自由民主党文教部会長だった西岡武夫衆議院議員らが強く迫って行われた教員給与25％増による一般公務員に対する教員給与の優遇措置を定めた法律。給特法と相まって、俸給表上の優遇、義務教育等教員特別手当、教職調整額といった給与上の措置の根拠となっている。

46　「新しい時代の初等中等教育の在り方について」（諮問）。文部科学省のホームページにおいて、図15の具体的な検討事項ごとにデータなどをまとめた資料が公表されている。

47　海後宗臣編『教員養成（戦後日本の教育改革８）』東京大学出版会、1971年。

拝啓　師走、いかがお過ごしでしょうか。年末この時期になると慌ただしさのなかにも、世の中の来し方行く末を考えることがあります。とくに、行く末で言えば、今、世界においては、二つの未来像の相克が生じているのではないでしょうか。一つは、人工知能の飛躍的進化やSociety5.0の到来といった社会の構造的な変化は、資本の有無や年齢・居住地などにかかわらず、新しいアイディアを持つあらゆる人に可能性の扉を開け、クリエイティブに価値創出ができる時代になったという見方。もう一つは、魅力的なアイディアを生み出すことができる数％を除いた大多数の市民は、社会構造の変化のなかで職や尊厳ある生活を奪われる可能性があり、「ベーシックインカム」といった社会的公正を確保するための仕組みが必要との考え方です。

　クリエイティビティと社会的公正の両立──本当に難問ですが、生涯にわたってクリエイティビティを高めつつ、尊厳ある社会生活の基盤となる力をはぐくむのが、「自分の足で立って、自分の頭で考える」ための教育であり、これこそ我が国の学校が目指してきたもの。ポピュリズム台頭の背景になっている二つの未来像の相克を乗り越え、寛容と自制心※をもって粘り強く対話し、「納得解」を共有できる社会にとっても大事な土台でもあります。学校教育は、創造性と公正さの両立の鍵となっています。

　我が国の教育の来し方を捉え直し、世界の行く末を考える年の瀬になりそうです。どうぞ皆様、ご自愛専一になさって、よいお年をお迎えください。　　　　　　　　　　　　　　　　　　　敬具

※スティーブン・レビツキーとダニエル・ジブラットの『民主主義の死に方』（新潮社、2018年）は、民主政が機能するために相互的寛容と自制心がいかに大事かを明確に描き出しています。中学校学習指導要領が、社会科で「効率と公正」「対立と合意」について考えることとなっている意味に改めて思いを致しました。

新年明けましておめでとうございます。お健やかに新年をお迎えのこととお慶び申し上げます。このお便りも次回が最終回、最後までどうぞよろしくお願いいたします。

　年末は、予算編成(初等中等教育局の予算額は2兆円)と学校の働き方改革の担当者として、いささか気忙しくいたしておりました。

　前者については、皆様のご支援をいただき、小・中学校の教職員定数については、小学校の英語の専科教員1,000人(要求どおり満額措置)をはじめ1,456人の改善増を盛り込むことができました。中学校の部活動指導員も倍増の9,000人措置するなど、外部人材の活用のための予算の増額も計上することができました。

　後者については、一昨年6月から議論を重ねていた中央教育審議会において答申案がまとまってまいりました※。その最後に、中教審として異例ですが、社会に対して、「今回の学校における働き方改革は、我々の社会が、子供たちを最前線で支える教師たちがこれからも自らの時間を犠牲にして長時間勤務を続けていくことを望むのか、心身ともに健康にその専門性を十二分に発揮して質の高い授業や教育活動を担っていくことを望むのか、その選択が問われている」と問いかけています。志高く優秀な若者が教壇に立ち、我が国の学校教育を次代につなげるためにも働き方改革は急務。文部科学省も教育課程や免許制度など教育制度の本丸の改革に踏み込みたいと思っております。本年もどうぞよろしくお願い申し上げます。ご自愛専一になさってください。

　　　　　　　　　　　　　　　　　　　　　　　　　　敬具

※文部科学省のホームページで中央教育審議会「新しい時代の教育に向けた持続可能な学校指導・運営体制の構築のための学校における働き方改革に関する総合的な方策について(答申)」(2019年1月25日)、とくにその第4章をご覧ください。文部科学省としても全省あげて、教師でなければできないことに先生方が集中できる環境の確立に全力を尽くしてまいります。

高校・大学の一体的改革と義務教育

義務教育、高校教育の変革、
そして問われる大学教育

●「ゴールデンセブン」から
高校・大学の一体的改革への34年

　高校・大学の一体的改革と聞くと、目の前の子供たちにはまだ先の話と思う先生は、とくに小学校に多いと思います。しかし、目の前の子供たちが高校や大学、専門学校で学ぶ年齢になるのはそんなに遠いことではありませんし、一人の子供の立場に立てば初等中等教育から高校教育へと学びがつながっていますから、小学校の先生方にとっても高校・大学の一体的改革は他人事ではありません。また、現在進んでいる高校・大学の一体的改革は、むしろ小学校の学びを大事にして、子供たちの力をどう伸ばすかという文脈で行われていますので、なおさらです。

　この本をご覧になっている方の多くは、高校学習指導要領が改訂されたからといって大学教育にはあまり関係ない、大学入試が高校教育を左右することはあっても高校教育が大学のあり方に影響を及ぼすことはないと思っていらっしゃるかもしれません。私事で恐縮ですが、昭和45（1970）年生まれで昭和60（1985）年度に高校に入学した私は、第1学年の年度途中に、当時の共通一次試験から「現

代社会」と「理科Ⅰ」が試験科目から外れると決まったとたん、同級生が共通必履修科目であるにもかかわらずこの二つの科目を全く勉強しなくなったことを克明に覚えています。高校教育が大学入試に振り回されることは、私自身の高校時代の原体験と申せましょう。

　それから34年。50万人「受験難民」時代などと言われ、大学にとっては黙っていても受験生がどんどん集まった昭和61（1986）年から平成4（1992）年の「ゴールデンセブン[48]」を経て、**図3**のとおり、平成5（1993）年からの18歳人口の急速な減少に加え、平成4（1992）年までの18歳人口の急増に対応するための大学の臨時的な入学者定員の5割の恒常定員化[49]により、大学・短大進学率は37.6％（昭和60〈1985〉年）から57.9％（平成30〈2018〉年）へ、大学進学率は26.5％（同）から53.3％（同）へと急上昇しました。

　その結果、専門高校は別として、その質の保証を大学入試に依存してきた普通科高校の学びの質と量に深刻な事態が生じています。たとえば、高校生の半分が普通科文系、大学生の半分が人文・社会科学系学部に属し、この「ホワイトカラー養成コース[50]」の少なくない若者が高校2年以降理数科目をほとんど学ばずに、英語、国語、地歴・公民の3教科の多肢選択式問題に対応すべく知識の暗記・再生や暗記した解法パターンの適用に追われています。事実的知識を文脈に関係なく多肢選択式で問う入試に対応するためには、高校は教科固有の見方・考え方を働かせて考え抜く学びよりも、知識再生型の反復学習を重視せざるを得ません。

　他方、入学者選抜で学力を問わない大学の存在が、高校生の学びのインセンティブの底を抜けさせているため、偏差値45〜55のボリュームゾーンの高校生の学校外の学習時間は、ゴールデンセブンの平成2（1990）年の水準から大きく低下し回復していません。また、文部科学省と厚生労働省が平成13（2001）年に出生した子供たちを継続して調査している「21世紀出生児縦断調査[51]」によれば、中学校3年生段階で学校外で学習をしないと答えた割合は、平日

6.0%、休日10.2%だったのが、高校１年段階になるとそれぞれ25.4%、26.3%と急増しています。

　今、高校学習指導要領改訂や「大学入学共通テスト」と「高校生のための学びの基礎診断」の導入などが、一体的に行われている背景の一つには、この状況に対する強い危機感があります。そして、この一体的改革で、高校は本気で変わり始めています。このうねりを大学がしっかり受け止め、大学教育を変革できるかに、我が国における幼児教育から高等教育にいたる学校教育の質的転換の成否がかかっています。

●未来社会を見据えた　高校学習指導要領改訂と高大接続改革

　だからといって、この一体的改革は我が国固有の経緯や人口動態のみを理由に行われているわけではありません。71頁のとおり、経済協力開発機構（OECD）は、教育の質的転換が加盟国各国の共通した課題となっている現状を踏まえ、学びについての基本的なフレームワークをかたちづくり、各国の教育改革を支えるためのプロジェクトEducation 2030を進めており、2019年２月にポジション・ペーパーを公表しています。

　第３章で触れたとおり、教育の質的転換が世界で求められているのは、社会の構造的な変化を共有しているからです。AI時代に求められる資質・能力は、「文章を正確に読み取る力」「教科固有の見方・考え方を働かせて、知識を習得し、考え、表現する力」「対話や協働を通じ、納得解を生み出そうとする態度」などであり、これらは「書くことは考えること」という指導や「学び合い」「教え合い」の学校文化、教科教育研究や授業研究といった固有の財産を持つ我が国の学校教育が150年にわたって重視してきた力そのもの。また、このような社会の構造的変化のなかで、社会経済的な価値の創出という次

元だけではなく、人間存在としての価値や人格とは何かが問われています。

　そのため、平成29（2017）年３月の小・中学校学習指導要領改訂に続き、平成30（2018）年３月の高等学校学習指導要領改訂においては、我が国の学校教育の教育課程を「知識・技能」「思考力・判断力・表現力等」「学びに向かう力・人間性等」という構造で捉え直したうえで、教科・科目構成を整理しました（**図18**）。

　さらに、この読解力や思考力重視の教育課程の改善は、大学入試改革と二人三脚で進められています。新井紀子先生が開発しているAI「東ロボくん」が最も得意なのは世界史の五肢択一式試験です。ウィキペディアを全部記憶すれば五肢から一つ正解を導き出すことができます。五肢択一式の問題に対応するために知識を習得するだけでは、AIにかないません。だからといって、AI時代において知識は不要なのではありません。概念を軸に知識を体系的に理解して考え、自分なりに表現することが求められており、だからこそ令和２（2020）年度から実施される「大学入学共通テスト」には、国語と数学で記述式問題を導入することとしています。

　そのモデル問題や試行問題では、国語において、駐車場使用契約書という抽象的なルールと個別具体の事例を示し、情報と情報の関係性を的確に捉え、考え、文章で表現する力を試す記述式問題が出題されました（**図19**）。数学では、Ｔシャツの売上げの最大化について二次関数を使って考えさせています。

　このモデル問題については、高校生に『山月記』や『こころ』を読ませないで、契約書のような実務的な文章を出題することにより、子どもが「行間を読む」ための潤いのある国語教育が崩壊するとの指摘が一部になされています。しかし、高校の新しい学習指導要領においては、文学や古典は全く軽視しておらず、ぜひご指導いただきたいと思っております。

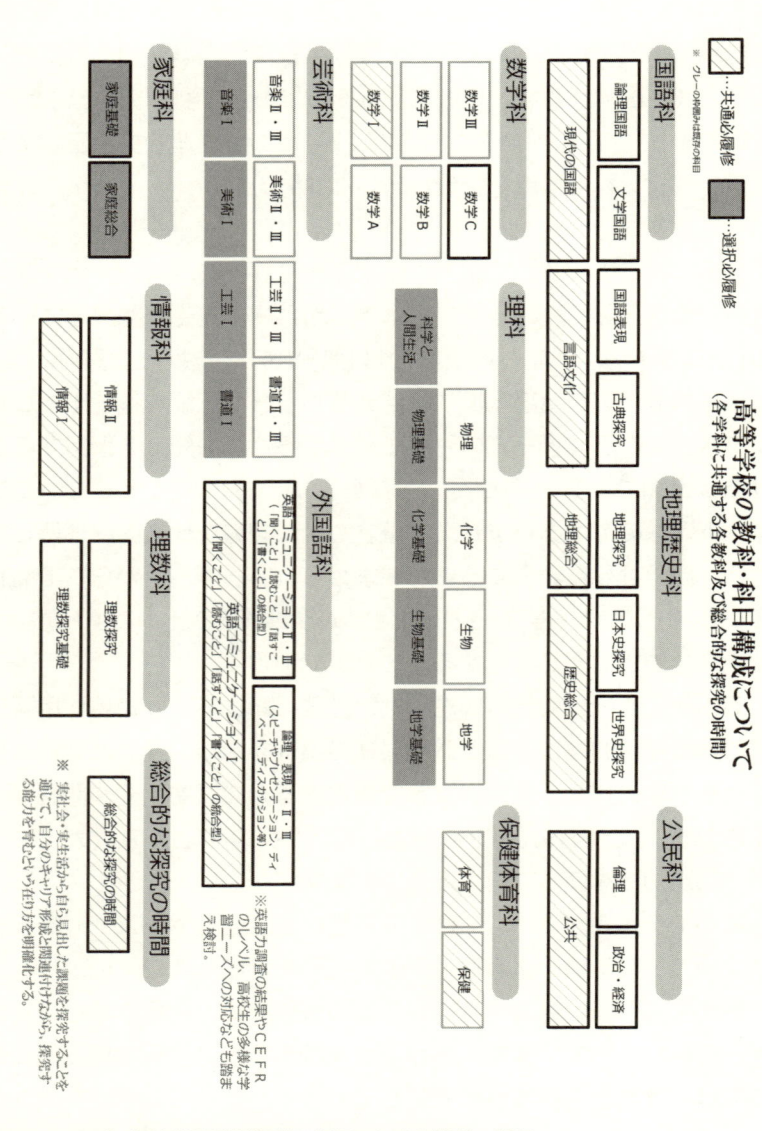

図18　2018年高校学習指導要領改訂における教科・科目

もとより私も『山月記』は素晴らしい作品だと思っていますが、我々大人が今改めて立ち止まって考えるべきなのは、子供たちが『山月記』やその行間を味わう前に、本当にきちんと『山月記』を理解しているかということです。基礎的な語彙がわかっていなかったり、「かかり受け」が理解できていなかったりで、『山月記』が理解できていない可能性もけっして低くないと思っております。このことを等閑視して、高校国語の教える側の論理で、『山月記』を指導すること自体が自己目的化しているとすれば、それは問題ではないでしょうか。

このモデル問題例は、抽象度の高い論理的な文章（契約書はあくまでもその一例ですが）と具体的な事例を当てはめて思考するといった情報と情報の関係性を理解する力がついているかどうかを確かめようとしています。大学入学共通テストという枠組みのなかで、情報と情報の関係性の理解を重視していますよというメッセージが高校の国語教育を変え、そして小・中学校で営々と築き上げてきた語彙を確実に定着させるとか、あるいは原因と結果なのか、具体と抽象なのかなどと情報と情報の関係性を理解する力をはぐくむといった学びが活きていくと思っています。

他方、「高校生のための学びの基礎診断」は、大学入試に依存しない高校教育固有の質の保証の確保と学びのインセンティブを創り出すために、義務教育段階の学習内容も含めた基礎学力の習得状況を評価するものであり、令和元（2019）年度からスタートいたします。

●「点」から「面」へと進化する高校教育改革

我が国の専門高校はそれぞれの分野について水準の高い教育を行っているとともに、商業検定やジュニアマイスターなど校長会が主体となって教育の質保証を行っています。

普通科高校においては、149頁で述べたように学びの量と質に深

刻な事態が生じています。その構造にはかなり根深いものがあります。平成18（2006）年10月に発覚した高校の必履修科目の未履修問題は、私自身文部科学省の担当者として対応いたしました。その

モデル問題例2

問 転勤の多い会社に勤めているサユリさんは、通勤用に自動車を所有しており、自宅近くに駐車場を借りている。以下は、その駐車場の管理会社である原パークとサユリさんが締結した契約書の一部である。これを読んで、あとの問い（問1〜3）に答えよ。

駐車場使用契約書

貸主　原パーク（以下、「甲」という。）と　借主　○○サユリ（以下、「乙」という。）は、次のとおり駐車場の使用契約を締結する。

第1条 合意内容
甲は、乙に対し、甲が所有する下記駐車場を自動車1台の保管場所として使用する目的で賃貸する。

（駐車場の表示）
住所　　　　　東京都新川市新川筋日町2丁目3番地
名称　　　　　原パーキング第1
駐車位置番号　11番

第2条 期間
乙の使用する期間は、平成28年4月1日から平成29年3月31日の一年間とする。契約期間満了までに甲、乙いずれか一方から何等の申し入れがない時は、さらに一年間の契約が自動的に更新されるものとする。

第4条 駐車料金の改定
甲は、この契約期間中、物価の変動、経費の増加、近隣駐車料金その他の経済情勢の変動により、月額駐車料金が不相当と認められるときは、これを改定できるものとする。

> 駐車場の使用契約書

モデル問題例2

問2 平成29年の3月20日、サユリさんは会社から急な転勤を命じられ、翌月の4月1日以降は駐車場を借りる必要がなくなることがわかった。これを原パークに伝えたところ、「1か月以上前に解約のご連絡をいただけなかったので、4月分の駐車料金はお支払いいただきたいと思います」と言われた。
あなたがサユリさんの友人ならば、原パークの主張に対して、サユリさんにどのようにアドバイスできると考えられるか。次の条件①〜③に従って書きなさい。

条件①　サユリさんの不利益にならないよう、原パークの主張に反論する内容にすること。
条件②　条文番号を明記しつつ、「原パークの主張の根拠とその誤っている点」と、「サユリさんの反論の根拠」の2点を明確に示すこと。
条件③　120字以内で述べること。（句読点を含む。解答は会話調で書かなくてよい。）

> テクスト（情報）の内容を構造的に理解し、対立する主張（原パークの主張とサユリさんの反論）をその根拠とともに分析・評価し、適切な情報を用いてその結論を書く問題である。具体的には、契約書から、自分の主張（サユリさんへのアドバイス）の根拠となるテクスト（情報）を読み取り、その根拠を適切に用いて、サユリさんの立場から自分の考えを書くことができる力を問う問題である。

図19　記述式のモデル問題例【国語】

際、各地の旧制第一中学校の系譜を引く名門公立高校の校長が、「保護者や同窓会の要望を踏まえ、進学実績を高めるための工夫だ、何が悪いのか」と開き直る姿を見て、強い違和感を持ったことを記憶しています。

　その違和感をストレートに表現してくださったのが、当時河合塾の河合文化教育研究所主任研究員だった丹羽健夫氏による日本経済新聞の論考[52]でした。丹羽氏は、「第二次ベビーブームは生徒を変えた。高校の教育を変えた。それまでの高校は大学入試問題の解法などあまり気にすることなく、教科の本質を教えていた。『なぜこの教科はこの世に存在するのか』『どんな人がこの教科の構築に寄与したか』『私(先生)はなぜこの教科に惚れたのか』『ほら、この教科はこんなに美しいじゃないか、面白いじゃないか』…」。しかし、第二次ベビーブームで合格率が下がると大学合格のプレッシャーが高まり、「高校教育が受験合理主義に走ることを決定付けた」。ただ、平成5(1993)年から18歳人口は急減し、合格率は上昇します。丹羽氏は続けます。「生徒数が減り大学入試が緩和されれば、高校は再びかつてのように、教科の本質を重視した授業を取り戻すであろうと楽観視していた。ところが予想ははずれた。(略)高校の受験合理主義は相変わらず続いていた」。その理由を丹羽氏から聞かれた高校教師は言います。「本質追求型はやりがいはあるけれど、すごいエネルギーが要るんだ。予習や仕掛けが大変だし。それに比べると正解追求型は単純だしはるかに楽だ。人間いったん易きについてしまうとなかなか抜け出せないものだ。それに指導体制も一人でも多くの大学合格者獲得というはっきりした目標があったほうがまとまりやすい。だから授業もカリキュラムも受験合理主義から抜け出せないのだ」と。そのうえで、丹羽氏は次のような言葉でコラムを結びました。「高校よ、道は険しいけれど、かつてのように生徒を教科の授業の中で感動させ、学習の面白さに魂を揺さぶられる授業を取り戻してほしい」。

当時、私はこのコラムのコピーを手帳に入れて常に持ち歩き、ここまで来たら大学入試を含めた高校教育と大学教育の一体的な改革に取り組まなければ普通科高校の再生はないのではないかと思っていました。これまで述べてきた高校・大学の一体的改革の一つの背景であると申し上げてよいでしょう。

　しかし、他方、このような流れにあっても、この20年、一部においては、今回の改訂の趣旨を先取りし、教育の質的転換のための先駆的な取り組みが行われています。たとえば、福岡県立城南高校の「ドリカムプラン」。この画期的で体系的な進路指導は、主体的・対話的で深い学び（アクティブ・ラーニング）の先駆けであり、九州大学21世紀プログラム入試等でも顕著な成果を上げるとともに、全国の高校のキャリア教育に大きな影響を与えました。若手教師の頃にこのドリカムプランを立ち上げ、リードしてきた和田美千代先生は、本書刊行時現在、城南高校の校長としてさらなる進化を担っています。

　荒瀬克己大谷大学教授は、京都市立堀川高校の校長として同校に探究科を設置し、生徒自ら設定する人間探究から自然探究にわたる多様なテーマの探究活動を軸に、学校全体の学びを質的に転換しました[53]。

　この堀川高校の探究活動のレベルを飛躍的に上げる一助となったのが、平成14（2002）年度からスタートしたスーパーサイエンスハイスクール（SSH）です。200校を超えるSSHの卒業生たち（第1期生はすでに30歳に達しています）は国内外の大学や研究機関において研究者として勤務していたり、日本学術振興会の「育志賞」受賞といった卓越した業績をあげたりしています。生徒の3分の2が理系を選択し、スーパーサイエンスハイスクールにも指定されている長崎県立長崎西高校では、生物部の生徒が60年ぶりに新種のアメンボを発見し、平成30（2018）年5月に研究成果が国際学術誌に掲載

されました。

　離島初のスーパーグローバルハイスクールに指定された島根県立隠岐島前高校は、島前３島をまるごと学校の舞台としています。地元の生徒と全国から島留学（県外募集）で集まった多様な生徒が協働しながら、離島という特性を生かした地域課題解決型学習を行うとともに、ブータンやロシア、シンガポールとの国際交流などを通じて、グローカルな学びを重ねています。Sony退職後海士町に移り住み、高校魅力化コーディネーター（現教育魅力化特命官）として隠岐島前高校をプロデュースし、現在は島根県全体の高校魅力化に取り組んでいる岩本悠氏（第10期中教審の委員に就任なさいました）などがリードする地域の未来を担う人づくりは、地方創生に取り組む多くの自治体や高校から注目を集めています。[54]

　他方、義務教育の内容の習得が必ずしも十分ではない高校生に対して、基礎から徹底して指導し、着実に学力を定着させている高校の取り組みも見逃してはなりません。千葉県立姉崎高校は、白鳥秀幸元校長のリーダーシップのもと、義務教育段階も含めた基礎学力の定着と向上を図るため、学校設定科目「マルチベーシック」を導入し、ステップ方式の教材と学力診断カルテの活用により、生徒の達成感の向上や希望進路の実現など大きな実績をあげました。[55]東京都の「エンカレッジスクール」など義務教育の学び直しをしっかり行うことにより、生徒の資質・能力を引き出し、可能性を広げようとする取り組みは確実に広がっています。

　このような個々の高校の取り組みは、「点」の段階から、長野県や北海道などのように校長会や高校教育経営研究会などの組織を軸に「面」の段階へと進化しつつあります。語彙を表現に活かす、数学を日常生活に活かして考える、観察・実験の結果をめぐって科学的に考え議論する、歴史を因果関係で捉えて考える――本来、我が国の学校教育のお家芸とも言えるこのような教育活動こそが、AI時代にあって人間としての強みを発揮するうえで不可欠な学びであり、「大

学入学共通テスト」や「高校生のための学びの基礎診断」においても
このような学びの厚みを評価することとしています。これらの動き
に共通する軸が各教科に関する専門性であり、教職の原点であるこ
の専門性が高校教育改革の「面」の段階への進化を支えています。

●高校と大学の一体的な改革の推進

　高校教育、大学入試、大学教育を一体的に改革しなければならな
いとの政策的方向性を明確に示したのは、大学教育の質的転換に関
する中教審答申（平成24〈2012〉年8月28日）でした。同答申は、「こ
れからの社会を担う生徒・学生に必要な能力を育成するという観点
から、高校教育、大学入学者選抜、大学教育という三局面の連携と
役割分担を見直し、高校教育の質保証、大学入学者選抜の改善、大
学教育の質的転換を、高等学校と大学のそれぞれが責任を持ちつつ、
連携しながら同時に進めることが必要である」と指摘しました。第
2次安倍内閣成立後もこの基本的な政策的方向性は重視され、教育
再生実行会議は平成25（2013）年10月31日に「高等学校教育と大
学教育との接続・大学入学者選抜の在り方について」（第4次提言）
をまとめました。この第4次提言を踏まえて中央教育審議会におい
てさらに専門的な審議が行われ、平成26（2014）年12月22日に「新
しい時代にふさわしい高大接続の実現に向けた高等学校教育、大学
教育、大学入学者選抜の一体的改革について（答申）」と結実しまし
た。

　これらの政策的な提言等を踏まえ、「大学入学共通テスト」や「高
校生のための学びの基礎診断」などが実施されることになったのは
これまで触れてきたとおりですが、高校と大学の一体的な改革はさ
らに次のステップへと進んでいます。

　第8章で詳しく触れますが、林芳正文部科学大臣は、平成30

(2018)年6月5日に政策ビジョン「Society5.0に向けた人材育成」を公表しました。そのなかで高校教育改革は大きなテーマとなっており、政府の教育再生実行会議も令和元(2019)年5月17日に「技術の進展に応じた教育の革新、新時代に対応した高等学校改革について」(第11次提言)をまとめました。その際、重視されていることの一つは、AIは数式(数学)であり、そのエンジニアには物理学が求められるなど、STEAM(理数、アート)教育の重要性が増しているなか、我が国において高校から大学にかけて文系・理系に分かれているという文理分断を脱却することです。

　前述のとおり、「ホワイトカラー養成コース」の少なくない学生の高校2年以降理数科目をほとんど履修していないという学びは、未来社会においてリスクの高い学びだと言わざるを得ません。入試で数学を課すという早稲田大学政治経済学部の英断もこのような文脈でより深く理解できます。高校における文理分断の脱却は普通科高校のあり方を大きく変えるものであり、当然、大学入試や学士課程の専攻分野のポートフォリオなど大学のあり方も問われることになります。

　もちろん、私は人文学や社会科学の重要性や必要性を否定するものではなく、これからますます重要になると思っています。文部科学省の科学技術・学術審議会学術分科会は、東日本大震災後の平成24(2012)年7月に樺山紘一東京大学名誉教授を中心に議論を重ね、「リスク社会の克服と知的社会の成熟に向けた人文学及び社会科学の振興について(報告)」をまとめています。東日本大震災を経験した人文学や社会科学の研究者が自分たちの研究分野の存在意義に真摯に向き合った迫力あるレポートですが、そのなかで、人文学・社会科学の役割を、①諸学の密接な連携と総合性、②学術の要請と社会的貢献、③グローバル化と国際学術空間と明記しました。
　具体的には、山中伸弥教授が所長を務める京都大学iPS細胞研究

所に「上廣倫理研究部門」が設置されているように、自然科学を含むさまざまな学問分野との連携や対話を通して学術の総合性を発展させること、言葉を使う学問として教養教育の軸となって貢献すること、そして我が国の文化や社会システムを積極的に海外に外国語で発信し、対話を重ねることなどのことだと思っています。それぞれ我が国にとっても学術研究にとってもたいへん大事なことです。だからこそ、人文学や社会科学の研究者の先生方には、2012年における研究者コミュニティ自身の真摯な問いにこれからも真正面から向かい合っていただきたいと思っています。

　このように、AI時代でAI人材が足りないので、高校普通科の文系や大学における人文学・社会科学系分野が必要ではないなどといった短絡的な話ではなく、AI時代だからこそ人文学や社会科学を中心に学ぶ若者は数理や自然について知り、異なる分野を学ぶ他者と対話を重ねなければなりません。しかし、とくに大都市圏の高校生を中心に、入学定員の多い伝統のある私立大学の人文・社会科学系学部の国・英・社の３科目入試に早い段階でターゲットを絞って、２年生以降理数科目を捨てています。高校も、進学実績の確保のために積極的にそのような学びを慫慂（しょうよう）しています。大学の人文・社会科学系学部に進学したらSTEAM分野に触れることはほとんどない…このことが問題だと思っています。

　さらに、我が国の子供たちは、小学校段階では理科が大好きです。中学校段階では好きな割合は下がるのですが、義務教育を終えた15歳の段階の学力の質を国際比較するためのOECDのPISA調査では、科学的リテラシーも数学的リテラシーもOECD諸国では１位（PISA2015）です。数学的リテラシーで言えば、アメリカは平均点が低いのですが、１学年に400万人ほどの生徒がいて、そのうち最も習熟度の高い「レベル５以上」が10％、つまり40万人のきわめて習熟度の高い子供たちがいます。一方で、日本は１学年の子供の数は120万人とアメリカの４分の１ですが、レベル５以上が25％で、

30万人いると推計されています。すごい数字です。にもかかわらず、高校に進学するとすべての高校生の半分が普通科文系で学び、そのなかでとくに首都圏の高校生を中心に高校2年生以降は理数科目を捨てているのです。この構造は、大きく変革しなければなりません。

　もう一点の高校教育に関する課題は、「地域」を置いてけぼりにしてきたということです。小・中学校までは地元を対象にいろいろな学習をするのですが、高校の普通科に入った瞬間、「もう地域は関係ない」とばかりに地域性のない学び一色になる。長野県飯田市では牧野光朗市長の強いリーダーシップのもと、長野県飯田OIDE長姫高校、松本大学、飯田市の三者によるパートナーシップ協定を締結し、地域人教育を通じて地域のよさを学んだり、コミュニティを支える意欲や能力を育てたりすることに取り組んでいます。
　このテーマについても教育再生実行会議の第11次報告で提言されています。高校生になったら地元や地域と切り離されるのではなく、地方創生の核として、生徒が「やりたいこと」を見つけられる高校への転換も重要であり、文部科学省としてもこのような高校を支援し、「地域科」の創設などの手段も含めて横展開を支えたいと考えています。この文脈においても、大学をはじめとした地域の高等教育機関は、どのような役割を担うのかが問われています。

●問われる大学の意義と役割

　このように、未来社会を見据えて動き始めた高校教育改革から「学びのリレー」のバトンを受け継ぐ大学の構想力が問われています。つまり、大学が学生の力をどこまで伸ばせるかということです。
　工学系の場合はすでにJABEE（一般社団法人日本技術者教育認定機構）という認定組織があり、工学部のカリキュラムが国際基準に合っているかどうかチェックする仕組みがあります。金沢工業大学

は4年間で学生を伸ばす大学として、全国的に有名です。また、医学部でしたら、5、6年生で臨床実習に入る前に必ずOSCEやCBTといった試験があります。

　しかし、日本の大学生の5割は人文・社会科学系学部で学んでいます。人文・社会科学系の知は先が見通せないこれからの時代にとても大事だと思っていますが、日本の人文・社会科学系学部での学びがどういう能力に結びついてくるのかは必ずしも明確になっていません。シラバスを見ても、授業のためにどのくらいの学修時間が求められ、どういう「山の登り方」をするとどんな力がつくのかが見えないことが多いと思います。それぞれの授業がカリキュラムのなかで横でどうつながっていて、4年間でどんな力がつくのかというのは、ほとんどの大学で打ち出されていないと申し上げてよいでしょう。**図20**のとおり、実際に我が国の大学生のうち、社会科学系の学部で学ぶ学生の2割は大学外で全く勉強しておらず、これは他の分野の学生に比べ顕著な傾向です。

　だからこそ、人文・社会科学系の学部も含めて学生の力を伸ばすための具体的・組織的な取り組みをしている国際基督教大学や共愛学園前橋国際大学、秋田の国際教養大学、新潟大学の「分野・水準表示法」といった新しいシステムが際立っているのです。前橋国際大学の「ちょっと大変だけど実力のつく大学です」というキャッチフレーズに深い思いを感じます。

　これまでは、大学にさえ入れれば、それほど勉強をしなくても卒業できたかもしれません。でも、おそらくこれからは、学生の能力を4年間でどこまで伸ばして社会に送り出したかが、大学側に問われるようになってくるでしょう。義務教育と高校教育が変革したのち、次に問われるのは大学教育です。

　私が文部科学省において研究者を支援するための科学研究費補助事業（科研費）の担当課長を務めていたころ、300を超える分野ごと

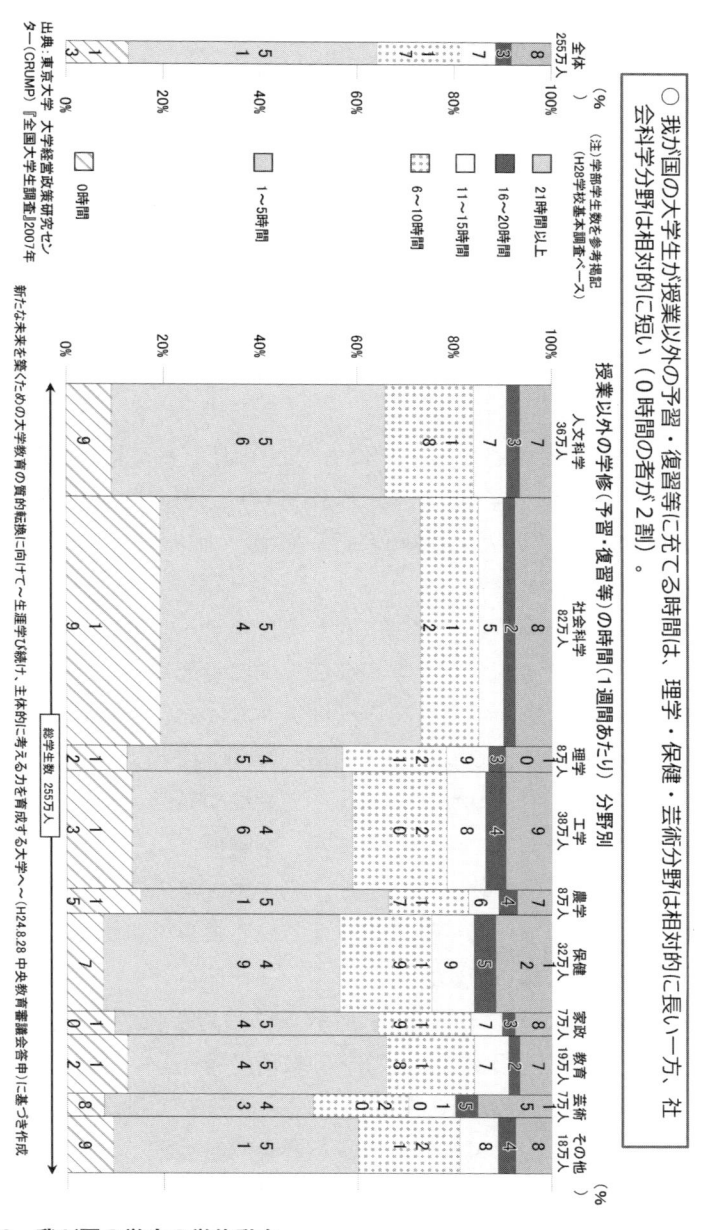

図20　我が国の学生の学修動向

の過去５年間にわたる採択数の上位10大学のリストを、文部科学省のホームページで公表したことがあります[56]。

その平成25（2013）年度のリストは大学のリアルな姿を如実に表しています。理工学系分野は京都大学、東京大学、東北大学、大阪大学などが比較的強いですが、生物系は慶應義塾大学、北里大学、聖路加国際大学、昭和大学など私立大学のプレゼンスも大きいです。人文学・社会科学系は北海道大学、東京芸術大学などに数多くの強みがある一方で、早稲田大学、立命館大学（人文地理学、経営学、社会学で１位！）、日本福祉大学といった私立大学も大きな存在感を示しています。

地方創生の核となる地方大学にも「宝の山」が多く存在しています。たとえば信州大学（高分子・繊維材料）、長崎大学（寄生虫学、感染症内科学）、新潟大学（歯周治療系歯学）、山形大学（デバイス関連化学）、岡山大学（情報セキュリティ）、宇都宮大学（感性情報学）、琉球大学（自然人類学）など枚挙に暇がありません。プロのエンジニアを確実に育てる金沢工業大学やクロマグロ養殖やバイオコークスの研究が盛んな近畿大学は、科研費採択件数においても着実に伸びています。これらのエッジは、上田蚕糸専門学校（信州大学）、東亜風土病研究所（長崎大学）など戦前からの蓄積や新潟大学歯学部の前田健康学部長、金沢工業大学の黒田壽二学園長といったリーダーによって支えられています。もちろん、名古屋大学のアジア法整備支援のなかでミャンマーの法改革を支えている牧野絵美講師といった若い力が原動力となっています。

35頁のとおり、かつて文部省が「教育は投資だ」と言い切ったことがありました。昭和37（1962）年の教育白書『日本の成長と教育』の「教育は、……技術革新の成果を生産過程の中におりこんで軌道にのせてゆくための、欠くべからざる要素である。このような時代にあっては教育を投資とみる視点がいっそう重視されなければならない」という記述は、工業化社会における人的資本論そのもの。も

ちろん、教育は人格の完成が目的であって、経済に奉仕するものではないといった反論が澎湃（ほうはい）として起こりました。そんな背景が、我が国の教育について、「人格の完成」という理想を掲げつつも、実際には大学の難易度による序列が産業社会のピラミッド構造に効率よく人材をスクリーニング（ふるいわけ）する手段として機能してきたことにはあると思います。このスクリーニングで重視されたのは、入試を乗り越えた基礎学力と大学生活で培われた社会性、とくに忍耐強さ、あらかじめ定められた計画を着実にこなす正確さ。理工系などを除けば、大学教育で大事なのはスクーリング（教育）ではなくスクリーニング（入試）で、大学教育の中身自体はあまり重要でなかったと申せましょう。

　これまで述べてきたように、社会の構造的変化のなかで大学におけるスクーリングの重要性は大きくなっています。高校・大学の一体的改革において、学生の能力を大学が4〜6年かけてどこまで伸ばしたかの可視化がこれからどんどん進むでしょう。その伸びに「投資」するのがまさに大学教育。だからこそ今、生徒やその保護者、生徒を支える教師にとって、大学教育のリアルな姿を知ることが進路選択のうえで必須になっています。〈注56〉の特集記事のとおり、どの大学が学生を伸ばしているか、教授の個人芸にとどまらず組織として横串の通ったカリキュラムを提供している大学はどこか、どの大学に研究上のエッジがあるのか、これらの特長を引き出すべく逃げずにマネジメントに取り組むための緊張感あるガバナンスが確立している大学はどこか等々がどんどん可視化されています。大学の中身を具体的に知り、それを吟味することが重要になっています。

●「年齢とは無縁の若さ」と知性

　型破りな弁護士が学校を再建する漫画『ドラゴン桜』に私の好きな言葉があります。「東大に行っただけで人生成功していると思ってい

るやつら、目の前の相手が東大出たと知った瞬間に卑屈になるやつら。これはみんな下衆野郎だ！」という主人公の弁護士桜木のセリフです。「霞が関村」にはいまだにこういう思考回路の人が多いので、身に染みますし、明治以来の我が国の歴史のなかで、私も含めて社会において根強く存在する思考回路だとも思います。

　この章で触れた高校と大学の一体的改革は、まさにそんな古い思考回路を根こそぎにしていくものになるでしょう。東大に行けばすべて安泰という時代はすでに終わっています。大学で何を学んだか、学んだ知識を社会においてどう活かしていくのかが問われています。何度か触れましたが、今、時代を動かしているのは、官庁の官僚や大企業の幹部ではありません。ベンチャーやNPOなどを立ち上げ、新しい社会的な価値を生み出している若者です。このように「東大卒」だとか「官僚」だとか「大企業」だとかで、その人の持っている力を判断できることはできなくなっています。その人が自分の足で立って自分の頭で考えているか、何を考え、どんな価値を生み出しているかを一人ひとりが見極めることが必要になっています。

　だからといって、東大に合格するための努力、志、苦労を否定するつもりは全くありません。20年ほど前の平成10（1998）年改訂の頃には、「これからはコンピュータがあるから知識はいらない。東大に行っても意味がない」という言説があふれ、かなり無理のあるかたちで内容を削減したり教科書を薄くしたりすることが目的化しました。「知識をどう使うか」が問題だったのに、いつの間にか「知識があってもしょうがない」にすり替わってしまったと申せましょう。

　文部科学省はもう二度と「知識はいらない」「教え込みはいけない」「教師は、指導者ではなく支援者である」などと言ってはいけないと思っています。平成10（1998）年改訂時には、「知識から応用へ」と安易に言いましたが、平成20（2008）年の学習指導要領改訂以来、重視しているのは「知識に基づく応用」。思考するにも判断するにも

知識は絶対に必要です。Google検索するときだって、必要な情報を得るための質の高い検索には知識が必要で、知識によって得られる情報が違ってきます。

　同時に教師や保護者の方々には、これまでの価値観のままでは社会の変化に対応できないことも自覚していただく必要があると思います。自分たちが育ってきた時代と今は、社会構造がまるっきり違います。18歳でがんばって東大に入れば60歳過ぎまで安泰、という時代は完全に終わりました。今東大には、卒業して大企業の社員や官僚になる道を選ぶのではなく、在学中に起業して社会で活躍するという学生がすでに多くいます。また、福祉や心理、介護や保育、初等教育といったAIに代替されない、人でなければできない仕事に就くための学びのすべてを東大が提供しているわけでもありません。

「人生100年」といわれる時代。現在10歳の子どもたちの半分は107歳まで生きると言われています。22歳で就職して60歳で定年を迎えても、そこから先、さらに40年以上の時間が残っています。そんな時代にどうキャリアを形成するのか？　これまでと同じやり方では対応できません。自分の足で立って、自分の頭で考える。そのことがリアルに求められています。

　このことは、東京大学の蓮實重彦総長が平成12（2000）年3月の東京大学の卒業式の式辞で述べた以下の言葉と重なると思います。「東京大学がたえず求めているのは、いうまでもなく真の変化であり、『ほんのわずかな入力が思いもかけぬ重大な結果』をもたらすような驚きの体験にほかなりません。ここでその驚きによって自分を鍛えようとするのが、真の〈知性〉の働きにほかなりません。あなたがたの〈知性〉が真に力を発揮さるべき21世紀の人類社会がどんな輪郭におさまり、どんな表情をおびることになるのかをめぐって、

あなたがたを十分に納得させるにたる確かなイメージをわたくしは持ち合わせておりません。ただ、わたくしにいえる確かなことは、そこで、〈知性〉の働きがますます大きな意味を持つということにつきます。

　あなたがたには、あなたがた自身の〈知性〉の動揺を、恐れることなく招き寄せていただきたい。揺らぐことを放棄した〈知性〉はもはや力を持ちえず、現状維持の自堕落さに陥るしかなく、ある種の快適さからふとそれに安住するとき、人は知らぬ間に若さと別れを告げるのです。わたくしは、あなたがたにいつまでも若くいてほしい。防御的な収縮を拒み、進んで変化を招き寄せながら、年齢とは無縁の若さを実現し続けてほしい。」[57]

「防御的な収縮を拒み、進んで変化を招き寄せながら」考え抜き、対話や協働を重ねて価値を生み出している「年齢とは無縁の若さ」が、時代の歯車を回しています。蓮實元総長が指摘しているとおり、この「若さ」を支えているのが真の知性であり、学校における学びにほかなりません。

〈注〉

48　佐藤龍子「大学『ゴールデンセブンの時代』と臨時的定員政策を考える」『社会科学』78号、2007年。

49　36頁で触れたように、昭和51（1976）年から実施された「高等教育計画」により我が国の大学・短期大学の入学定員は進学率が3〜4割となるように管理されていたため、18歳人口がピークを迎える平成4（1992）年度に向けて、恒常的な入学定員とは別に期間を限った定員（臨時的定員）を設けた。しかし、平成9（1997）年の大学審議会答申「平成12年度以降の高等教育の将来構想について」は、「高等教育計画」を「将来構想」へと転換し、臨時的定員を5割まで恒常定員とすることを認めることとした。この「高等教育計画の終焉」は、その後の大学・短大進学率上昇の一つの背景となっている。

50　高校生の7割が普通科で学んでおり、数学Ⅲの教科書の発行部数から推計すれば、その7割がいわゆる文系のコースを選んでいると見込まれる。

51　21世紀出生児縦断調査は、平成13年出生児を長年にわたって追跡する縦断調査。平成13年に出生した子供の実態と経年変化の状況を継続的に観察することにより、教育を含む国の施策に活用。

52　丹羽健夫「高校履修漏れの背景（上）　受験合理主義80年代に芽　学習の質変えた合格偏重」（『日本経済新聞』2006年11月27日朝刊）。

53　荒瀬克己『奇跡と呼ばれた学校』朝日新聞出版、2006年。

54　岩本悠『未来を変えた島の学校』岩波書店、2015年。

55　白鳥秀幸『「学び直し」が学校を変える！』日本標準、2015年。

56　合田哲雄「科学研究費助成事業の分野別採択状況からみる『強み』と大学経営」『リクルートカレッジマネジメント』190号、2015年。
http://souken.shingakunet.com/college_m/2015/01/post-699e.html

57　蓮實重彦『私が大学について知っている二、三の事柄』東京大学出版会、2001年。

「出藍の誉れ」時代を創造する学校教育

Society5.0 時代の
学校 ver.3.0 に向けて

●「Society5.0に向けた人材育成 ——社会が変わる、学びが変わる」

　第7章でも触れましたが、林芳正文部科学大臣は、平成30（2018）年6月5日に「Society5.0に向けた人材育成——社会が変わる、学びが変わる」という政策ビジョンを公表しました。理化学研究所の杉山将センター長、株式会社manmaの新居日南恵代表、博報堂の原田曜平リーダーなどを構成員とする「Society5.0に向けた人材育成に係る大臣懇談会」（**図21**）とヤフー株式会社の安宅和人CSO、オクスフォード大学のマイケル・オズボーン准教授、国立情報学研究所の新井紀子教授、筑波大学の落合陽一准教授などとの対話、省内課長クラスのタスクフォースの議論、そして、20〜30年後の教育に当事者として責任を負う省内の若手職員の熟議を経て、社会の構造的変化と未来社会における教育の在り方についての政策ビジョンとしてまとめられたものです。

　林元大臣と未来社会に向けた価値創造の最前線に立つパイオニアたちとの熱い対話は、若手職員を強く刺激し、省内では闊達な議論が交わされました。もちろん、文部科学省には全国100万人の学校の先生方や1,000万人を超える子供たちの日々の授業や学びを支え

る重い責任があります。社会の構造的変化や最先端の知恵やアイディアと全国3万5,000校の小・中・高校等で日々行われている授業とをどうつなげ、共鳴させるか——そのために知恵を絞って施策を展開し、社会と学校の信頼と支援の好循環を確立することにこそ、文部科学省の固有の役割があります。そして、この固有の役割をしっかりと踏まえ、今後の学校教育の在り方をデザインしたのが、図22の「Society5.0に向けた学校ver. 3.0」です。

　Society5.0、人工知能（AI）、EdTech……。この政策ビジョンにはこれまで文部科学省の学校教育関係の文書にはあまり出てこない単語が多く盛り込まれています。「まるで経済産業省の資料のよう

「Society 5.0に向けた人材育成に係る大臣懇談会」構成員

（座　　長）	林　　芳正	文部科学大臣
（座長代理）	鈴木　　寛	文部科学大臣補佐官
	太田　　昇	岡山県真庭市長
	大橋　　弘	東京大学大学院経済学研究科教授
	北野　宏明	ソニーコンピュータサイエンス研究所　代表取締役社長
	紫　　　舟	書家/アーティスト
	城山　英明	東京大学大学院法学政治学研究科教授/東京大学政策ビジョン研究センター副センター長
	杉山　　将	理化学研究所革新知能統合研究センターセンター長/東京大学大学院新領域創成科学研究科複雑理工学専攻教授
	新居日南恵	株式会社manma 代表/慶應義塾大学システムデザイン・マネジメント研究科 修士課程
	原田　曜平	博報堂ブランドデザイン若者研究所リーダー
	水野　正明	名古屋大学総長補佐/医学部附属病院先端医療・臨床研究支援センター副センター長

図21　「Society5.0に向けた人材育成に係る大臣懇談会」

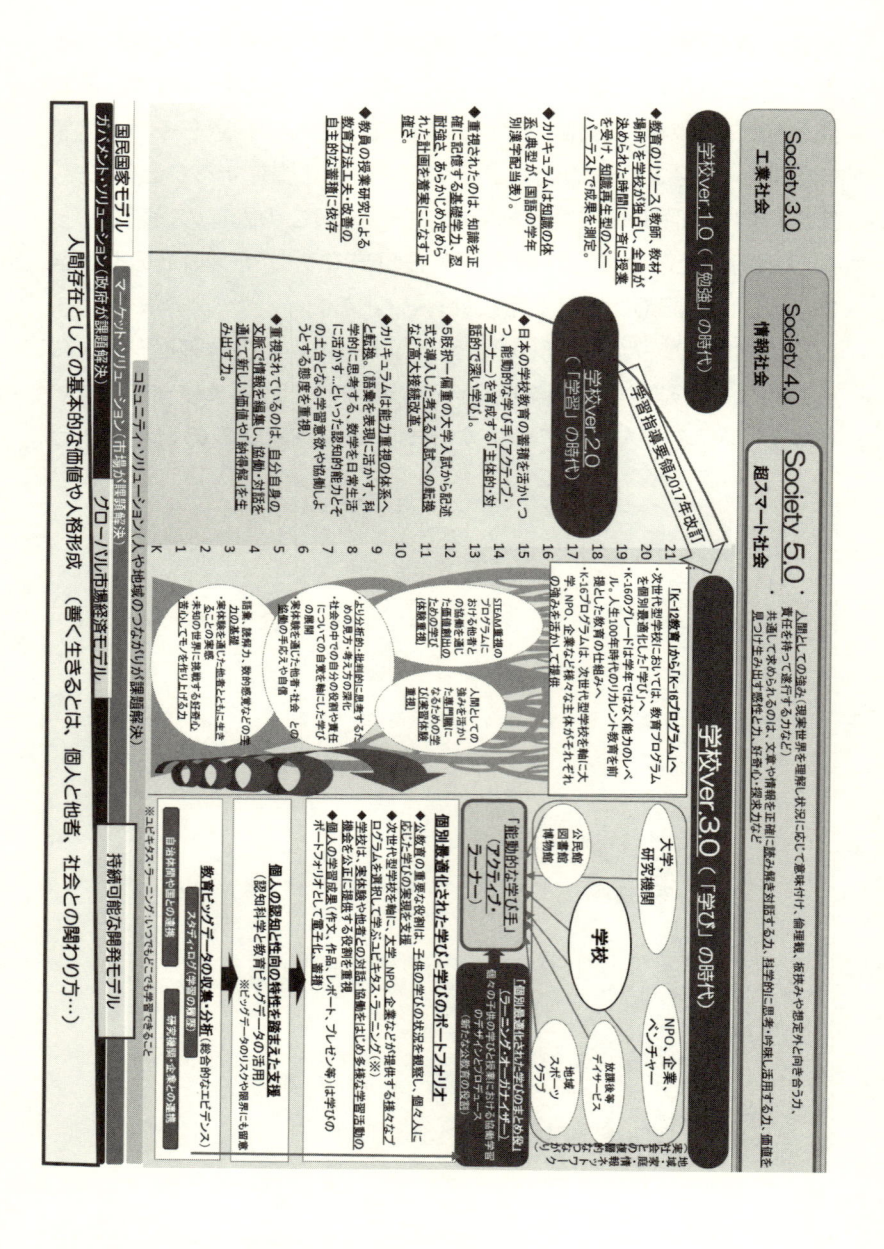

図22　Society 5.0に向けた学校ver.3.0

だ」「これらの社会の構造的変化を越えた価値と向き合っているのが教育ではないか」との思いを持たれた方もいらっしゃるかもしれません。とくに、子供たちの知的好奇心を刺激し、それぞれの教科固有の見方・考え方を働かせて考え抜く学びを展開している先生方のなかには、「文部科学省は我が国の学校教育の財産を等閑視して、新しいメディアや技術に飛びついているのではないか」と疑問を持たれた方もいらっしゃることでしょう。他方で、「これだけの大きな構造的な変化のなかで、我が国の教育はガラガラポンで一新しないといけない」という危機感もあろうかと存じます。

　図22の「Society5.0に向けた学校ver.3.0」は、このような問題意識を踏まえ、Society5.0や超スマート社会に向かって学校教育はどうなっていくのだろうかという議論をまとめたものです。工業化社会、Society3.0に対応した「学校ver.1.0（「勉強」の時代）」においては、学習指導要領は知識の体系。学年別漢字配当表が典型のように、この学年ではこれを学ぶ、これを記憶するという構造だったわけです。

　平成29（2017）年改訂により学習指導要領は、知識は大事であるということを前提にしながら、資質・能力の体系に転換しました。「学校ver.2.0（「学習」の時代）」です。そのときに参考にしたのは、学年という枠組みがなく個々の子供たちに対応した学びを創り上げている特別支援教育や、教科という枠組みがなく子供たちをはぐくんでいる幼稚園教育です。資質・能力の体系を重視することになると、これまで以上に教科や学年などといった垣根は相対的に低くなってくるわけです。平成29（2017）年改訂において、総則に、①幼小、小中、高校といった学校段階間の円滑な接続、②小中高校を通じた学級経営や生徒指導、キャリア教育、③特別支援教育、日本語指導、不登校児童生徒への配慮、学齢を経過した方々への配慮（夜間中学）など個々の子供たちの状況に応じた支援を体系的に規定したこと

は、この文脈で捉えていただく必要があります。

　Society5.0に対応した「学校ver.3.0（「学び」の時代）」になりますと、これまでの「K−12教育」（幼稚園から始まり高校を卒業するまでの義務教育および義務教育後中等教育機関の教育。学年や教科といった敷居は相対的に高い）から「K−16プログラム」（幼児教育、小・中・高校・大学という学校種の枠を越えた教育の連結性・一貫性。学年や教科といった敷居は相対的に低い）へと転換し、初等中等教育から高等教育を見通した教育プログラムということになってきます。また、学校がすべての知識を握っていて、学校が独占的に子供たちを教育するということではなく、大学や研究機関、図書館、NPOなどさまざまな機関が子供をアクティブ・ラーナーにするために協力することになることが見込まれます。

　このようなイメージを前提にしたうえで、この政策ビジョンは、我が国の教育が大事にしてきた大きな蓄積を社会全体でもう一度捉え直して共有し、日々の授業を改善することが、Society5.0に向けた学校教育に求められているとの前提に立っています。そして、浮き足立つことなく、これまでの教科教育の蓄積やベテランの先生の技量をEdTechなどにより可視化・共有し、読解力などの基礎的な力を確実に習得させるとともに、個人の関心や特性に応じた質の高い学びを実現することを目指しています。

●Society5.0と学校ver.3.0（「学び」の時代）

　Society3.0（工業社会）、Society4.0（情報社会）に続く、Society5.0においては、私たちの身の回りに存在するさまざまなセンサーや活動履歴（ログ）等から得られるビッグデータが、AIにより解析され、その結果がインターネットに接続されることにより、さまざまな分野において作業の自動化等といった革新的な変化が生じるとされています。

しかし、これまで触れてきたとおり、AIの本質はアルゴリズムであり、少なくとも現在のAIは情報の意味を理解しているわけではありません。Society5.0において、人間としての強みを発揮するために求められる力は、①文章や情報を正確に読み解き、対話する力、②教科固有の見方・考え方を働かせて考え、表現する力、③対話や協働を通じ新しい解や「納得解」を生みだそうとする力などであり、これらは、「書くことは考えること」という指導、多様な子供たちがともに学ぶなかでの「学び合い」「教え合い」の学校文化、教科教育研究や授業研究といった固有の財産を持つ我が国の学校教育が150年にわたって重視してきた力そのものです。

　平成29（2017）年の学校学習指導要領改訂も、同じ認識に基づき、主体的・対話的で深い学びの実現のための授業改善を図り、語彙を表現に活かす、科学的に思考する、数学を日常生活に活かすといった学びや学習意欲、他者と協働しようとする態度の育成を重視しています。個人の尊厳を尊重する公正なSociety5.0社会を創造するうえで、このような学びはその重要な土台です。

　このようにSociety.5.0で求められる資質・能力やそれをはぐくむための教育内容などについては、平成29（2017）年改訂ですでにその構造が明確になっています。他方で、日々の授業を支えるテクノロジーは日々進化し、「私たちの身の回りに存在するさまざまなセンサーや活動履歴（ログ）等から得られるビッグデータが、AIにより解析され、その結果がインターネットに接続されることにより、様々な分野において作業の自動化等といった革新的な変化が生じる」ことは学校教育でも生じてきます。

　たとえば、多くのベテランの先生方は、その経験と蓄積により、子供たちの誤答を見ればどの単元の学びの理解が不足しているためにこのような間違いをしたのかが分かります。習熟度が高い子供に対しては、別にプリントを用意して発展的な学びへといざなう先生も少なくありません。また、新井紀子先生の「リーディングスキル

テスト」は、子供たちが情報と情報の関係性を把握するうえで何が隘路になっているのかを科学的に特定しています。

　AIはベテランの先生方の経験知や暗黙知を可視化し、共有するうえで最高の道具立てです。リーディングスキルテストの結果をビッグデータとしてAIが解析することにより、教壇に立つ先生方がより効果的に指導するための科学的な知見が得られますし、実際に埼玉県戸田市ではリーディングスキルテストの結果が指導に活用され、成果をあげています。

　これらのテクノロジー（EdTech）が確立すれば、**図22**の「Society5.0に向けた学校ver.3.0」にあるとおり、学校を中心とした子供たちの学びは、基礎学力の確実な定着にしても、個人の関心や特性に応じた学びにしても「個別最適化」が可能になります。だからといって、学校における集団を軸にした教育が不要になるわけではありません。むしろ逆で、人間としての強みを発揮するうえで不可欠な、他者と協働して知識を活かし、より善く生きよう、より良い社会にしようという資質・能力をはぐくむうえで、学校における集団を活かした学びはますます重要になってきます。

　その際、EdTechにより「個に応じた指導」「指導と評価の一体化」といったこれまで我が国の学校教育が目指してきた指導の質的転換が可能となれば、我が国の学校教育の可能性は大きく広がると申し上げてよいでしょう。将来的には、教師の経験知と科学的視点を掛け合わせることにより、子供の生活や学びにわたる課題を早期に発見し、外国人児童生徒等を含めたすべての子供たちが安心して学べ、基礎学力を確実に身につけることができるようにケアする（誰一人として取り残さない教育）とともに、特異な資質・能力を見出し、大学や研究機関などでの学びの機会につなげる仕組み（特異な能力を持つすべての子供に公正にチャンスを提供する教育）を確立することも展望できます。標準授業時数や全国学力・学習状況調査といっ

た学びの質を保証する仕組みの在り方も変わってくることでしょう。

　ただし、このような学校教育の進化に当たっては、①個別最適化された学びをいかに公正に提供するか、②読解力などの基礎的な力を確実に習得させる仕組みをどう構築するか、③高校から大学にかけての文理分断の学びをどう脱却するか、という三つの課題があります。③については第7章で触れましたので、①と②について説明したいと思います。

●公正に個別最適化された学びの確立と　基礎的な学力の確実な習得

　①は、この個別最適化された学びの具体的な姿を教育関係者や子供たち、保護者と共有し、このような学びが公正に提供されるような仕組みを確立することです。先に触れたとおり、EdTechは「個に応じた指導」や「指導と評価の一体化」といった我が国の学校教育が目指していた教育の質的転換を一気に加速させる可能性を持っていますが、まだまだ関係者の間で具体的なイメージやその効果が共有されているとは言えません。また、AIの研究者などからも、学校で子供たちが黙々とタブレットに向かい合っているという学校ではダメだと言われています。

　Society5.0は人間が中心の社会。対話や協働、「学び合い」「教え合い」といった我が国の学校教育が大事にしてきた学びこそ、これからも学校の存在意義であり、政策ビジョンもその前提のうえで、先端技術を活用した「公正に個別最適化された学び」を重視しました。その実現に当たっては、①個々の教室におけるWi-Fiなどの情報環境の整備、②先生や子供たちが本当に効果的に使え、かつ安価な情報機器の供給、③子供たちのスタディログの活用と個人情報の保護のあり方、④語彙などの習得や思考力等の育成における先端技

術の具体的な活用方策、などを実証する必要があり、令和元（2019）年度予算に2.6億円の実証事業を盛り込んでいます。また、教育再生実行会議の第11次提言（令和元〈2019〉年5月17日）は、「国は、最終的に児童生徒一人一人がそれぞれ端末を持ち、ICT を十分活用することができる環境整備を実現することに向け、BYOD やクラウドの活用、低価格パソコンの導入、ネットワーク・5G の活用も視野に入れた目標の設定とロードマップ作成を行う」としており、今後、政府としても学校ICT環境の飛躍的整備に向けた取り組みを進めることにしています。

　今、発達障害の困難さを抱える子供たちを支援する株式会社LITALICO、プログラミング教育を推進するNPO法人CANVASやみんなのコードなどの新しい主体が、子供たちの力を引き出すうえで大きな役割を担っており、学校との連携も加速度的に進んでいます。COMPASS社（119頁）など先端技術を担う企業やベンチャーも同様です。藤原和博先生が校長をしておられた杉並区立和田中学校の「夜スペシャル」のように、義務教育では、学校の授業力を高める努力や工夫を前提に、個々の子供たちの状況に対応した、重要な、ある種の「サプリ」として、新しい主体との連携を進めることが重要だと思っています。

　②は、読解力などの基礎的な力はSociety5.0において人間としての強みを発揮するうえでますます必須の力になっており、その確実な習得が可能な環境が必要だということです。第3章で触れたとおり、平成29（2017）年の学習指導要領改訂においては、家庭環境や情報環境の変化を踏まえ、小学校低学年では身の回りの語彙、中学年では感情を表す語彙、高学年では思考を表す語彙といった語彙の確実な習得や共通－相違、原因－結果、具体－抽象といった情報と情報の関係性の理解など、教科書の内容を正確に理解するための学びを重視しています。

しかし、今後確立しなければならないのは、日々の授業のなかで読解力などの習得の状況を把握し、習得が不十分であればその子供に必要な振り返り学習を提供するといった学びのサイクルであり、その確立には先端技術が有効です。

なお、小学校の低学年・中学年においては、かなり意識的に語彙や計算力、知識などの体系的な習得に力を注がなくてはならないと思っています。外国人児童・生徒の増加といった状況も踏まえ、子供たちが社会的に自立する力を育てるという観点から、安彦忠彦先生が、教育学においては我が国の学校教育は習得主義から履修主義に進化しているとされているが、現在の社会の構造的変化を考えると、小学校の低学年や中学年などは習得主義と履修主義のハイブリッドで考えていくべきだとの非常に興味深い提言[60]をされていることに注目しています。

●「K−16プログラム」に向けて

この政策ビジョンで登場する「K−16プログラム」ですが、実はその6年前、平成24（2012）年の大学教育に関する中央教育審議会答申が、すでに「学校制度全体を、従来からの組織や形式の観点からではなく、プログラム中心・具体的な成果中心の観点から見直すことが必要である」「成熟社会において職業生活や社会的自立に必要な能力を見定め、その能力を育成する上で初等教育、中等教育、高等教育それぞれの発達段階や教育段階において有効な知的活動や体験活動は何かという発想に基づき、それぞれの学校段階のプログラムを構築するとともに、教育方法を質的に転換することが求められている」と指摘しています。子供たちが、発達の段階に応じてプログラムを組み立てていくに当たっては、これまで以上に学年や教科という枠組みは相対化されるでしょう。他方、そのためにも、小学校の低・中学年では基礎的な学力を確実にはぐくむための習得主義の

重視が求められています。我が国では小学校において総合的な学習の時間における探究活動に熱心に取り組まれていますが、語彙や知識が不十分なままでは、子供たちが目を輝かせて活動していても、次の学びへとつながりません。小学校低・中学年での基礎学力の定着とそれ以降の学校外の学びの場も活用した子供たちの関心に応じた探究活動の充実の重要性は改めて強調したいと思います。

　そのための学校の指導体制の確立も欠かせません。第6章で触れたように、現在、中教審において、小学校高学年の教科担任制を導入するとともに、低迷する小学校教員採用試験の志願倍率などを踏まえ、義務教育9年間を見通した指導体制の確立のために教員免許制度のあり方を見直すための審議が始まっています。

　このようにこの政策ビジョンは、これまで進めてきた学習指導要領の改訂や高校と大学の一体的改革、教職員定数の改善などの条件整備といった施策が、我が国の学校教育のよさを引き出し、共有し、発展させることがAI時代において求められているという基本的な認識で貫かれていることを改めて明確にするとともに、EdTechといったテクノロジーの進化がこのようなよさの共有や進化を加速させる大きな可能性を持っていることを踏まえ、その可能性を引き出すうえで考えられる177頁で示した3つの課題をどう乗り越えるかについての政策的な方向性を示したものです。

　柴山昌彦文部科学大臣が「新しい時代の初等中等教育の在り方」について諮問した平成31（2019）年4月16日の中教審総会において、岩本悠委員（157頁参照）は、平成29（2017）年の学習指導要領で規定された「主体的・対話的で深い学び」が実現し、学びの質的転換が図られるためには、学校や教師自身の在り方も「自立」「協働」「探究」を軸に再構築されなければならないとの趣旨の発言をなさいました。また、**図22**（Society5.0に向けた学校ver.3.0）を見たある経済人は、図の一番下にある「人間存在としての基本的な価値や人格形

成（善く生きるとは、個人と他者、社会との関わり方…）」の部分が最も大事だと指摘しました。それぞれ全くそのとおりで、こういった方々と一緒に仕事ができることを心から幸せだと感じています。

　若者も、未来社会を切り拓くべく新しい価値の創造に挑戦しています。平成31（2019）年3月に審査員として参加した「全国高校生マイプロジェクトアワード2018」において、盲導犬アプリの開発、アヒル農法、避難経路の周知、ジオパークの自然保全といった社会的課題を自らのアイディアと行動で解決する「マイプロジェクト」について自分自身の言葉で語る高校生に、30年前の自分とは比ぶべくもなく圧倒されました。そのなかで、郷土の自然をテーマにしたある高校生が、「クラス全体の雰囲気とは距離を置き、それに流されずに自分の頭で考え、メンバー同士が対等に対話したからこそ、特定外来生物という独自の着眼に至ることができた」と語っていました。クラスの中心的存在の言動に流されず、自分の足で立って自分の頭で考えているこの二人は、蓮實重彦元東大総長の言う「年齢とは無縁の若さ」（168頁参照）で輝いていました。
　このように目の前の子供たちが私たち大人を乗り越えて新しい価値や文化を創造することで出現する「出藍の誉れ」時代にあって、尊厳ある社会生活の基盤となる基礎・基本（語彙、読解力、知識、計算能力など）は必要不可欠で、ゆるがせにできません。他方、かつてのように学校の先生が唯一の真理を握っていて、それを子供たちに分け与えるという構造ではなくなることも事実で、子供たちの方が分野によっては知識をもっていることもあるでしょう。それでも、バラバラの事実や知識をそれぞれの教科固有の見方・考え方を働かせて体系的に考えたり、構造的に考えたりするという学びを通して、このような学びの意味や大切さは大人が責任をもって教える必要があります。そのうえで、「あとは君たちに任せたからがんばってほしい」と子供たちの自立を後押しするのが、学校の役割だと考えて

います。

　本書を貫いているのは、「自立」こそ学校教育の目的ということです。しかし、私を含む大人が、場の空気、ノリ、序列などにとらわれ、自分の頭で考え抜き対話を重ねることを見失っていては、子供たちを自立に導くことはできません。「子供は自分の指導に従っていればいいんだ」という思い上がりと同様に、「しょせん社会が変わらなければ、学校も変わらない」という老成した諦念は、子供たちを自立に導くことと真逆の態度です。文部科学省にある「自分たちだけが教育を支えている」という傲慢さと「教育政策だけでは社会は変えられない」といった改革しないことの言い訳も同様です。「防御的な収縮を拒み、進んで変化を招き寄せながら」考え抜き、対話や協働を重ねて価値を生み出している「年齢とは無縁の若さ」を教育界全体で共有することが、学校ver.3.0にとって大事な土台だと思います。

　教壇に立つ先生方には、この「若さ」を支えているのが真の知性であり、学校における学びであること、そして、想像を越えた価値創出の地殻変動のなかで子供たちが自立して次代を切り拓くに当たって学校での学びが大きな意義を持っていることを、教科の本質であるワクワク感をもって子供たちに伝えていただきたいと思っています。そのために、文部科学省は学校や教師をお支えするという使命をしっかりと果たしてまいります。

　AIの飛躍的進化、Society5.0、第４次産業革命といった耳慣れない言葉であふれている今、最も大事なのは、目の前の子供たちが自立して未来社会を切り拓くために必要な資質・能力をいかに育むかという教育の原点です。そして、私たち大人に求められているのは、創造性や社会的公正、尊厳といった価値で支えられた我が国にふさわしい持続可能な成熟した未来社会を創ろうとする意思であると改めて考えています。

〈注〉

58 「Society 5.0 に向けた人材育成〜社会が変わる、学びが変わる〜」http://www.mext.go.jp/a_menu/society/index.htm

59 令和元(2019)年 5 月31日の衆議院文部科学委員会において、義家弘介衆議院議員から、内閣府の規制改革推進会議が義務教育においても通信制高校と同様の通信制を導入し、通学しなくても義務教育の課程を修了できる仕組みについて検討していることについての見解を問われた柴山昌彦文部科学大臣は、

○ 学力、意欲、家庭環境等が多様な児童生徒が学ぶ義務教育段階においては、教師が一人ひとりの子供の特性や状況等をきめ細かに理解して指導することが必要。AI技術が高度に発達するSociety5.0の時代に向けて教師が先端技術を活用することは大切だが、対話的・協働的な学びの実現や教師による対面指導や子供同士による学び合いはますます重要。

○ したがって、通信制高校のように、義務教育段階にも通学を前提としない通信制を導入することは、教師と子供、また子供同士が向き合う機会を限定し、義務教育の質の低下を招くという観点から不適切。

という趣旨の答弁をした。義務教育の本質は人と人が向き合うなかで対話や協働を重ね、子供たちを社会的に自立させる場であるとの教育基本法や学校教育法に定められた国民の意思を踏まえたうえで、先端技術の活用や新しい主体との連携を「サプリ」として活かし、必要に応じて不登校の子供たちなどの学びを支援したり、子供たちの学びの多様化・豊富化を図ったりすることの重要性を指摘したものである。この基本的な考え方を踏まえ、教育行政や学校はすべての子供が落ち着いた気持ちで学べる環境づくりに知恵をしぼり、工夫を重ねることが求められている。

60 安彦忠彦「学校体系を変えることが義務教育の体質改善につながるか」『平成29年度　学校教育研究所年報』62号、2018年。

拝啓　水温む季節、お元気でお過ごしのことと存じます。

　この時期は、年末に編成した予算案について連日国会で審議が重ねられています。テレビ中継などで予算委員会の論戦をご覧になっている方も多いことでしょう。700人の国会議員は、1億国民の代表。両院で過半数の議員のご理解を得て予算案や法律案をお認めいただかなくては、行政は1ミリたりとも前に進むことができません。サッカーで言えば、決定打を放つストライカーが国会議員、ストライカーにパスをわたすパサーが官僚。その官僚も、入省駆け出しから係長、課長補佐、企画官・室長くらいまでは政策を練り上げ、作り上げるいわば企画職ですが、課長になるとその政策を持って立法府や財務省などの制度官庁に対してロビー活動※を行う営業職になります。したがって、企画官から課長への異動はほとんど転職で、できる企画官が必ずしも優れた課長や局長になるとは限らないのですが、これは学校でも同じかもしれません。今年課長になって6年目となる私も民主政と公教育の黒衣として、子供たちや先生方をお支えすべく志と誇りをもって「営業」に走り回りたいと思っています。

　1年間、この「霞が関だより」をお読みいただきありがとうございました。年間通じて思いをお伝えすることは初めての経験で、今更ながら汗顔の至りですが、おつき合いいただきましたことを心から感謝申し上げます。今後とも子供たちと我が国の未来のためにお力添えを賜れば幸甚です。またお会いできますことを楽しみにしております。
　　　　　　　　　　　　　　　　　　　　　　　　敬具

※ロビー活動とは、アメリカの議会政治などにおいて、特定の主張を持つ団体や個人が、主張の実現のために国会議員などに働きかけることを意味しています。行政府の職員による働きかけは本来ロビー活動とは言わないと思いますが、私はあえてロビー活動と称してより魅力と説得力ある働きかけをしようと心がけています。

ご参考までに

　各章の本文や脚注で触れた書籍や記事、答申等のほか、学習指導要領を「使いこなす」という観点から参考となる図書をあげてみました。

➡教育の普遍的な価値や意味、平成29（2017）年改訂の考え方、各教科等を越えた教育課程編成の構造などを知るうえでは……

● 梶田叡一『名著復刻　形成的評価のために』明治図書出版、2016年
● 奈須正裕『「資質・能力」と学びのメカニズム』東洋館出版社、2017年
● 安彦忠彦『改訂版　教育課程編成論』放送大学教育振興会、2006年
● 三宅芳雄・白水始『新訂　教育心理学特論』放送大学教育振興会、2018年

➡教育と経済、国語としての日本語、持続可能な社会像、時代と教養、地域社会の在り方といった現代社会を捉えるための視点を知るうえでは……

● 矢野眞和『教育社会の設計』東京大学出版会、2001年
● 金子元久・小林雅之『教育・経済・社会』放送大学教育振興会、1996年
● 中澤渉『日本の公教育　学力・コスト・民主主義』中央公論新社、2018年
● 吉見俊哉『平成時代』岩波書店、2019年
● 水村美苗『日本語が亡びるとき　英語の世紀の中で』筑摩書房、2008年
● 広井良典『グローバル定常型社会　地球社会の理論のために』岩波書店、2009年
● 苅部直『日本の〈現代〉5　移りゆく「教養」』NTT出版、2007年
● 諸富徹『地域再生の新戦略』中央公論新社、2010年
● 佐藤卓己『輿論と世論　日本的民意の系譜学』新潮社、2008年
● 猪木武徳『自由と秩序　競争社会の二つの顔』中央公論新社、2015年
● 新堀通也『「見て見ぬふり」の研究　現代教育の深層分析』東信堂、1996年

➡教育行政の仕組みや構造や文部科学省の組織などについて知るうえでは……

● 青木栄一・川上泰彦『教育の行政・政治・経営』放送大学教育振興会、2019年

- 木田宏監修『証言　戦後の文教政策』第一法規出版、1987年
- 青木栄一編『文部科学省の解剖』東信堂、2019年
- 大嶽秀夫『自由主義的改革の時代　1980年代前期の日本政治』中央公論社、1994年
- 石山茂利夫『文部官僚の逆襲』講談社、1986年
- 森田朗『会議の政治学』慈学社出版、2006年
- 宮本太郎『福祉政治　日本の生活保障とデモクラシー』有斐閣、2008年

➡教育と法律との関係や法令の読み方について知るうえでは……

- 森隆夫『教育行政における法的思考と教育的思考（上・下）』教育開発研究所、1992年
- 菱村幸彦『教育の眼・法律の眼　話題で読む教育法規』教育開発研究所、1992年
- 磯田文雄『教育行政　分かち合う共同体をめざして』ミネルヴァ書房、2014年
- 教育基本法研究会編『逐条解説　解説教育基本法』第一法規出版、2007年
- 鈴木勲編『逐条　学校教育法　第8次改訂版』学陽書房、2016年
- 吉田利宏『新　法令用語の常識』日本評論社、2014年
- 吉田利宏『新　法令解釈・作成の常識』日本評論社、2017年
- 我妻榮『法律における理窟と人情』日本評論社、1955年

●おわりに

　公教育と民主政の黒衣である私の拙い文章をお読みいただきありがとうございます。「はじめに」にも書きましたが、黒衣がこのようなかたちで表現するのは異例だとは思いますが、文部科学省の状況や教育関係者の様子を見ていると、自立こそ目的である学校教育において、子供たちを自立に導くためには大人が自立的に考え、行動することが必要であり、学校の権限と責任で行われる教育課程の編成に当たって、学習指導要領を「使いこなす」ことがその第一歩であるということをお伝えする必要があると考え、この本を執筆いたしました。

　最後に、私事にわたり恐縮ですが、私自身の学校教育に対する思いについて触れたいと思います。

　私は高校まで岡山県倉敷市で育ちました。語学の使い手として知的ではありましたが、高校生から大学院生に至るまで学生運動に熱心だった亡父の子育てはずいぶんとユニークだったと思います。学校とは何か、学びとは何か全く分からないまま小学校に入学し、授業中立ち歩いたり、テストを毎回白紙で提出したりしていた私に、体当たりで現代社会における学校や学習の原理を教えてくれたのは、小学校3年生のときの先生でした。5、6年生の担任の先生の「大学生のように原稿用紙100枚の卒業論文を書いて、小学校を卒業しないか。このクラスならできる！」という挑発に乗せられ、実際に聖徳太子をテーマに卒業論文を書いたことは、私にとって最高の探究活動だったと思います。

　中学校の英語の先生は、1983年の段階で冷戦構造終結の社会イメージを語り（それはその10年後そのまま現実となりました）、私は前提が変わると社会は構造的に変化することに関心を持ちまし

た。高校の日本史の先生は、授業の冒頭、「歴史とは過去を対象にした社会学であり、人間洞察の学問だ」とおっしゃって、政治史、経済史、外交史、文化史、社会史そして生活史などを相互に関連づけて構造的に歴史を説く授業をしてくださいました。私が今、霞が関で仕事をしていて未知の状況に向かい合ったときに、歴史を振り返って考えることができるのはこの学びのおかげです。

このような恩師との出会いの場は、すべてごく普通の公立学校です。高校も旧制中学校の系譜を引く伝統校ではなく、設置されて12年目の新設県立高校でした。

私は、先生の言うことをまじめに聞いて我慢強く勉強する子供ではありませんでした。ただ、おもしろいな、すごいなと思った先生の話はよく聞いたり、意欲的に勉強したりしていましたから、小学校よりも中学校、中学校よりも高校、高校よりも大学と自らが選んだ分野の専門性が高くなればなるほど徐々に成績がよくなるというタイプでした。中学生の頃に担任の先生からよく言われたのは、「成績に凸凹がある。まんべんなく点をとりなさい」ということだったのですが、それができませんでした。

しかし、何人かの先生は学ぶ意味や意義を語ってくださったことが、私の人生にとって大きな意味を持っていると感謝しています。

もちろん今回の学習指導要領改訂は、本論で申し上げたように500人近い専門家が中央教育審議会において議論して出た結論ですから、私の個人的な経験で作ったものではけっしてありません。しかし、新しい学習指導要領を改めて読むと、私は恵まれた学びの環境にいたと改めて実感しています。その恵まれた環境が、公立学校であって、これらの学校で充実した学びができたこと自体が、我が国の学校教育の層の厚み、蓄積だと思っております。

だからこそ私は、我が国の学校教育150年の蓄積に対して厚い信頼と期待を寄せていますし、深く考えることの意味を教えてくださった先生方をお支えできる仕事をしたいと思ったことが、平成4

(1992)年に旧文部省に入省した動機です。また、私が公立育ちであったことの最大のメリットは、いろいろな人がいて当たり前だという感覚を身につけることができたことだとも思っています。

　このようにお世辞にも優等生とは言いがたく、偏ったむずかしい性格の私を社会的な自立に導いてくださった先生方を思い出すと、そのお一人おひとりが自らの専門性に誇りをもって自立していたと感じています。もちろん、自立とは多くの他者に適度に依存することですから孤立とは異なりますが、場の空気やノリ、序列などにとらわれ自分の頭で考え抜き、対話を重ねることを見失っては自立しているとは申せません。

　大人が自立しなければ、子供たちを自立に導けません。学校において、目の前の子供たちを見据え、その自立のために必要な教育課程を編成するに当たって、この本が学習指導要領を「使いこなす」ために少しでも参考になったとしたら望外の幸せです。

　最後になりましたが、教育開発研究所『教職研修』編集長の岡本淳之氏に心から感謝申し上げます。教育課程課長在任中に、『教職研修』にインタビュー記事等を掲載するたびに岡本編集長にお世話になり、その学校教育に対する思いの深さと編集力に感じ入っておりました。職務の都合でなかなか進まない執筆を我慢強くお待ちいただき、なんとかこの本を刊行できますことは、ひとえに岡本編集長のおかげです。ありがとうございました。

令和元(2019)年7月1日

合田哲雄

〈著者紹介〉
合田哲雄（ごうだ・てつお）
文部科学省初等中等教育局財務課長
岡山県倉敷市出身。1992年旧文部省に入省し、福岡県教育庁高校教育課長（2000年）、国立大学法人化（2004年）や学習指導要領改訂（2008年）の担当、NFS（全米科学財団）フェロー（2011年）、高等教育局企画官（2012年）、研究振興局学術研究助成課長（2013年）、初等中等教育局教育課程課長（2015年）、内閣官房内閣参事官（2017年）を経て、2018年から現職。
目黒区内の区立小・中学校のPTA会長を6年経験。九州大学、関西大学、宮城教育大学などの客員教授、非常勤講師を経て、現在、上越教育大学（教育課程行政特論）および東京大学（高等教育政策論）の非常勤講師。
共著に『学校を変えれば社会が変わる』（東京書籍、2014年）、『特別の教科　道徳Ｑ＆Ａ』（ミネルヴァ書房、2016年）、『教育制度を支える教育行政』（ミネルヴァ書房、2019年）。

学習指導要領の読み方・活かし方
——学習指導要領を「使いこなす」ための8章

2019年 7 月 1 日　初版第 1 刷発行
2019年 10 月 1 日　初版第 2 刷発行

著　者　　　合田哲雄
発行者　　　福山孝弘
発行所　　　株式会社教育開発研究所
　　　　　　〒113-0033 東京都文京区本郷 2-15-13
　　　　　　電話 03-3815-7041
　　　　　　FAX 03-3816-2488
　　　　　　URL https://www.kyouiku-kaihatu.co.jp/

装幀デザイン　　小島トシノブ
印刷・製本　　　株式会社光邦